코바늘로 뜨는 나만의 동화
무민 손뜨개 인형

Copyright © Moomin Characters™
Korean Publication rights arranged by SMC Co., Ltd.
이 책은 Oy Moomin Characters Ltd.의 공식 에이전트인 (주)서울머천다이징컴퍼니를 통해
라이선스권을 획득하여 제작한 저작물입니다.

코바늘로 뜨는
나만의 동화

무민 손뜨개 인형
KNITTED MOOMIN DOLLS

문주희 지음

코바늘로 뜨는 나만의 동화
무민 손뜨개 인형

지은이 문주희
펴낸이 정규도
펴낸곳 황금시간

초판 1쇄 발행 2016년 4월 18일
초판 3쇄 발행 2019년 7월 10일

편집 신소연 권명희 김지하
디자인 nice age
사진 김하영
도안 일러스트 문주희
뜨기법 일러스트 이순영

황금시간
Golden Time

주소 경기도 파주시 문발로 211
전화 (02)736-2031(내선 362)
팩스 (02)6677-7775

출판등록 제406-2007-00002호
공급처 (주)다락원
구입문의 전화: (02)736-2031(내선 250~252)
　　　　　팩스: (02)732-2037

Copyright ⓒ 2016, 문주희

저자 및 출판사의 허락 없이 이 책의 일부 또는 전부를 무단 복제·전재·발췌할 수 없습니다. 구입 후 철회는 회사 내규에 부합하는 경우에 가능하므로 구입문의처에 문의하시기 바랍니다. 분실·파손 등에 따른 소비자 피해에 대해서는 공정거래위원회에서 고시한 소비자 분쟁 해결 기준에 따라 보상 가능합니다. 잘못된 책은 바꿔 드립니다.

값 14,000원
ISBN 979-11-87100-27-0 13590

http://www.darakwon.co.kr
- 다락원 홈페이지를 통해 주문하시면 자세한 정보와 함께 다양한 혜택을 받으실 수 있습니다.
- 기타 문의사항은 황금시간 편집부로 연락 주십시오.

머리말

하마를 닮은 얼굴과 볼록한 몸매, 하얗고 귀여운 무민을 알고 지낸 지 오랜 시간이 지났어요. 그동안 무민이 하마가 아니라 판타지 세계에서나 만날 수 있는 트롤이라는 사실을 알게 되었고, 무민이 사는 골짜기에 매력적인 가족과 친구들이 살고 있다는 사실 또한 알게 되었지요. 이런 무민과 친구들을 '손뜨개로 만들면 얼마나 귀여울까?'라는 생각에 인형을 만들었고, 그 인형들을 모아 이 책을 준비하게 되었습니다.

신비로운 핀란드의 풍경을 반영한 무민 골짜기에는 무민 가족과 친구들이 함께 살아가는데, 그 아름다운 풍경은 가슴을 두근거리게 만들어요. 붉고 뾰족한 지붕에 푸른 벽의 무민 하우스 안에서는 외관만큼이니 따뜻하고 재미있는 이야기가 펼쳐지죠. 물론 밖에서도 신나고 엉뚱한 사건이 많이 일어난답니다.

이렇게 모험이 가득한 핀란드 동화작가 토베 얀손 Tove Jansson의 이야기 끝에는 언제나 '가족' 그리고 '우정'이 있어 더 좋았어요. 저 또한 이번 책을 준비하며 가족과 친구들의 소중함을 느낄 수 있었습니다. 따뜻하고 재미있는 무민의 이야기 속에 나오는 캐릭터들을 손뜨개 인형으로 만들었던 시간은 제 인생에서도 행복한 순간으로 기억될 것입니다.

이 책에 나오는 손뜨개 인형들을 만들며 행복한 이야기에 빠져보세요. 동글동글 사랑스런 몸매의 무민을 만들어 잠들 때 함께 하거나, 소중한 친구에게 선물해도 좋아요. 코바늘로 한 땀 한 땀 정성스레 인형을 만들면서 행복하기를 바랍니다.

문주희

CONTENTS

🧶 손뜨개 인형 만들기

010
무민 MOOMIN

042
스노크메이든 SNORKMAIDEN

048
무민 마마 MOOMINMAMMA

054
무민 파파 MOOMINPAPPA

058
스너프킨 SNUFKIN

072
미이 LITTLE MY

078
해티패티 THE HATTIFATTENER

082
스팅키 STINKY

090
밈블 MYMBLE

098
스니프 SNIFF

104
투티키 TOO-TICKY

🧶 코바늘뜨기 기초

- 114 ▶도구와 재료 소개
- 115 ▶코바늘뜨기 기초
- 115 1. 뜨개도안 보는 법
- 116 2. 실과 바늘 잡는 법
- 116 3. 첫코 만드는 법
- 116 4. 기초코
- 117 5. 뜨개코 기호

HOW TO MAKE
손뜨개 인형 만들기

순백의 동글동글 귀여운 몸매로
전 세계인의 마음을 사로잡은 인기 캐릭터 무민.
동화 속에 나오는 무민 가족과 친구들 11종을
손뜨개 인형으로 만나보세요.

MOOMIN
무민

무민 가족은 얼핏 보면 하마를 닮았지만 사실은 상상 속의 요정 트롤이에요.
토실토실 둥글둥글한 외모에 걸맞게 사랑스러운 가족이랍니다.
주인공 무민은 겁이 많지만 이에 못지않게 호기심도 많아 여러 가지 사고를 일으키지요.
엉뚱한 면모와 가족과 친구들을 소중히 여기는 따뜻함이 무민의 매력이랍니다.

무민

준비물

실 흰색

바늘 모사용 코바늘 5/0호, 돗바늘

완성 크기 25cm

기타 펠트지(흰색, 검은색), 자수 실 또는 뜨개실(검은색), 공예용 와이어, 양모, 솜, 신발용 바닥판

* 눈을 수놓을 경우 검은색 펠트 대신 DMC 25번사 310을 사용한다.

만드는 순서

①코 ▶ ②몸통 ▶ ③머리 ▶ ④귀 ▶ ⑤팔 ▶ ⑥다리 ▶ ⑦꼬리 ▶ ⑧목도리 ▶ ⑨스키판 ▶ ⑩스키바인딩

만드는 방법

1. 원형코 만들기(p.16 참조)로 6코를 만들어 ①코부터 뜨기 시작한다.
2. 18단까지 뜬 후에 15cm 정도 남기고 실을 자른다.
3. 원형코 만들기로 6코를 만들어 ②몸통을 도안대로 끝까지 뜬다.
4. 몸통과 코를 연결하여 ③머리를 뜨고 솜을 넣는다.
5. 뒤통수와 솜 넣은 구멍을 꿰맨다.
6. ④귀를 만들어 머리 위에 붙이는데, 머리 도안의 51단과 52단의 사이에 붙인다.
7. ⑤팔을 만들고 솜을 조금 넣어 놓는다. 몸통에 와이어를 꽂고, 엄지손가락을 위로 향하게 하여 돗바늘로 몸통에 꿰매 붙인다. 이때 팔에 솜을 더 넣는다. 몸통의 원형코부터 세어서 29단 위쪽부터 23단 사이에 사선으로 붙인다.
8. ⑥다리를 만들고 신발용 바닥판을 모양대로 오려서 넣는다. 다리에 솜을 채우고 몸통에 붙인다. 몸통의 원형코부터 세어서 4단 시작점에서 12단 끝부분까지 동그랗게 꿰맨다. 반대쪽 다리도 먼저 꿰맨 다리와 대칭이 되도록 꿰맨다.
9. ⑦꼬리를 만들고 몸통에 와이어를 꽂아서 붙인다. 글루건으로 꼬리 끝에 양모를 붙인다.
10. 펠트지를 잘라 눈을 만들고 글루건으로 얼굴에 붙인다. 눈썹은 수놓는다.
11. 마지막으로 ⑧목도리, ⑨스키판, ⑩스키바인딩을 도안대로 만든다.

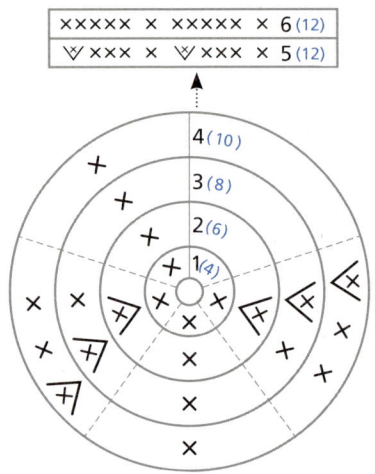

귀(흰색) 2개

팔(흰색) 2개

몸통(흰색)

× ×××××××	× ×××××××	× ×××××××	× ×××××××	× ×××××××	× ×××××××	38 (48)
× ×××××××	× ×××××××	× ×××××××	× ×××××××	× ×××××××	× ×××××××	37 (48)
⚊×××××××	⚊×××××××	⚊×××××××	⚊×××××××	⚊×××××××	⚊×××××××	36 (48)
× ××××××××	× ××××××××	× ××××××××	× ××××××××	× ××××××××	× ××××××××	35 (54)
× ××××××××	× ××××××××	× ××××××××	× ××××××××	× ××××××××	× ××××××××	34 (54)
⚊××××××××	⚊××××××××	⚊××××××××	⚊××××××××	⚊××××××××	⚊××××××××	33 (54)
× ×××××××××	× ×××××××××	× ×××××××××	× ×××××××××	× ×××××××××	× ×××××××××	32 (60)
× ×××××××××	× ×××××××××	× ×××××××××	× ×××××××××	× ×××××××××	× ×××××××××	31 (60)
⚊×××××××××	⚊×××××××××	⚊×××××××××	⚊×××××××××	⚊×××××××××	⚊×××××××××	30 (60)
× ××××××××××	× ××××××××××	× ××××××××××	× ××××××××××	× ××××××××××	× ××××××××××	29 (66)
× ××××××××××	× ××××××××××	× ××××××××××	× ××××××××××	× ××××××××××	× ××××××××××	28 (66)
⚊××××××××××	⚊××××××××××	⚊××××××××××	⚊××××××××××	⚊××××××××××	⚊××××××××××	27 (66)
×××××××××××	×××××××××××	×××××××××××	×××××××××××	×××××××××××	×××××××××××	26 (72)
×××××××××××	×××××××××××	×××××××××××	×××××××××××	×××××××××××	×××××××××××	25 (72)
×××××××××××	×××××××××××	×××××××××××	×××××××××××	×××××××××××	×××××××××××	24 (72)
×××××××××××	×××××××××××	×××××××××××	×××××××××××	×××××××××××	×××××××××××	23 (72)
×××××××××××	×××××××××××	×××××××××××	×××××××××××	×××××××××××	×××××××××××	22 (72)
×××××××××××	×××××××××××	×××××××××××	×××××××××××	×××××××××××	×××××××××××	21 (72)
×××××××××××	×××××××××××	×××××××××××	×××××××××××	×××××××××××	×××××××××××	20 (72)
×××××××××××	×××××××××××	×××××××××××	×××××××××××	×××××××××××	×××××××××××	19 (72)
×××××××××××	×××××××××××	×××××××××××	×××××××××××	×××××××××××	×××××××××××	18 (72)
×××××××××××	×××××××××××	×××××××××××	×××××××××××	×××××××××××	×××××××××××	17 (72)
×××××××××××	×××××××××××	×××××××××××	×××××××××××	×××××××××××	×××××××××××	16 (72)
×××××××××××	×××××××××××	×××××××××××	×××××××××××	×××××××××××	×××××××××××	15 (72)
×××××××××××	×××××××××××	×××××××××××	×××××××××××	×××××××××××	×××××××××××	14 (72)
×××××××××××	×××××××××××	×××××××××××	×××××××××××	×××××××××××	×××××××××××	13 (72)
V××××××××××	V××××××××××	V××××××××××	V××××××××××	V××××××××××	V××××××××××	12 (72)
V×××××××××	V×××××××××	V×××××××××	V×××××××××	V×××××××××	V×××××××××	11 (66)
V××××××××	V××××××××	V××××××××	V××××××××	V××××××××	V××××××××	10 (60)
V×××××××	V×××××××	V×××××××	V×××××××	V×××××××	V×××××××	9 (54)
V××××××	V××××××	V××××××	V××××××	V××××××	V××××××	8 (48)
V×××××	V×××××	V×××××	V×××××	V×××××	V×××××	7 (42)
V××××	V××××	V××××	V××××	V××××	V××××	6 (36)
V×××	V×××	V×××	V×××	V×××	V×××	5 (30)

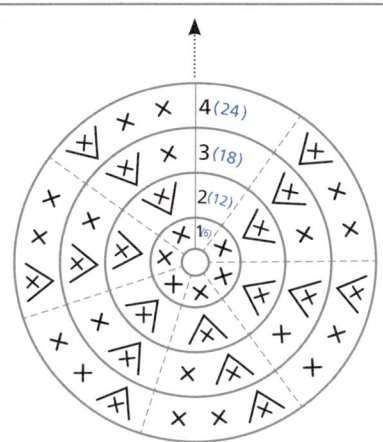

머리 = 코 + 몸통(흰색)

⋀ ⋀ ⋀ ⋀ ⋀ ⋀	58	(6)
⋀× ⋀× ⋀× ⋀× ⋀× ⋀×	57	(12)
⋀×× ⋀×× ⋀×× ⋀×× ⋀×× ⋀××	56	(18)
⋀××× ⋀××× ⋀××× ⋀××× ⋀××× ⋀×××	55	(24)
× ××× × ××× × ××× × ××× × ××× × ×××	54	(30)
⋀×××× ⋀×××× ⋀×××× ⋀×××× ⋀×××× ⋀××××	53	(30)
× ××××× × ××××× × ××××× × ××××× × ××××× ×	52	(36)
⋀××××× ⋀××××× ⋀××××× ⋀××××× ⋀××××× ⋀×××××	51	(36)
× ××××××× ××××××× ××××××× ××××××× ××××××× ×	50	(42)
⋀××××××× ⋀××××××× ⋀××××××× ⋀××××××× ⋀××××××× ⋀	49	(42)
⋀×××××××× ⋀×××××××× ⋀×××××××× ⋀×××××××× ⋀	48	(46)
⋀××××××××× ⋀××××××××× ⋀××××××××× ⋀××××××××× ⋀	47	(50)
⋀×××××××××× ⋀×××××××××× ⋀×××××××××× ⋀	46	(54)
⋀××××××××××× ⋀××××××××××× ⋀××××××××××× ⋀	45	(58)
⋀×××××××××××× × ⋁⋁⋁× ⋁⋁⋁× ⋁⋁⋁× ⋁⋁⋁× ⋁⋁⋁×	44	(62)
⋀××××××××××××× ⋀ ⋁××× ⋁××× ⋁××× ⋁××× ⋁××× ⋀	43	(58)
⋀×××××××××××× ⋀ ⋀× ⋁××× ⋁××× ⋁××× ⋁××× ⋁××× ⋀	42	(56)
⋀××××××××××××× ⋀×× ⋀×× ⋀×× ⋀×× ⋀×× ⋀××	41	(60)
⋀×××××××××××××× ⋀××× ⋀××× ⋀××× ⋀××× ⋀××× ⋀	40	(64)
×××××××××××××××××× ××× ××× ××× ××× ×××××	39	(68)

코와 몸통을 연결해서 뜨는데, 코 부분에서 34코 뜨고 14코는 남겨 놓는다.
몸통 또한 14코는 빼고 15번째 코부터 34코 뜨면 34+34=68코로 39단이 된다.

코(흰색)

××××××× ××××××× ××××××× ××××××× ××××××× ×××××××	18	(48)
××××××× ××××××× ××××××× ××××××× ××××××× ×××××××	17	(48)
××××××× ××××××× ××××××× ××××××× ××××××× ×××××××	16	(48)
××××××× ××××××× ××××××× ××××××× ××××××× ×××××××	15	(48)
××××××× ××××××× ××××××× ××××××× ××××××× ×××××××	14	(48)
××××××× ××××××× ××××××× ××××××× ××××××× ×××××××	13	(48)
××××××× ××××××× ××××××× ××××××× ××××××× ×××××××	12	(48)
××××××× ××××××× ××××××× ××××××× ××××××× ×××××××	11	(48)
××××××× ××××××× ××××××× ××××××× ××××××× ×××××××	10	(48)
××××××× ××××××× ××××××× ××××××× ××××××× ×××××××	9	(48)
⋁×××××× ⋁×××××× ⋁×××××× ⋁×××××× ⋁×××××× ⋁××××××	8	(48)
⋁××××× ⋁××××× ⋁××××× ⋁××××× ⋁××××× ⋁×××××	7	(42)
⋁×××× ⋁×××× ⋁×××× ⋁×××× ⋁×××× ⋁××××	6	(36)
⋁××× ⋁××× ⋁××× ⋁××× ⋁××× ⋁×××	5	(30)

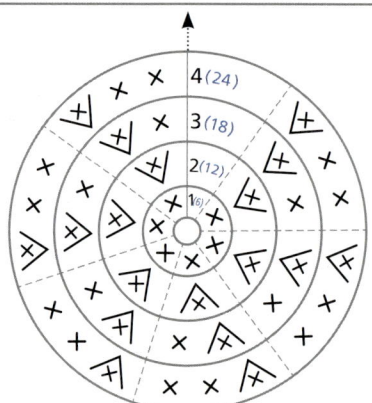

꼬리(흰색)

×× × × × ×	19	(7)
×× × × × ×	18	(7)
⋁ × × × × ×	17	(7)
× × × × × ×	16	(6)
× × × × × ×	15	(6)
× × × × × ×	14	(6)
× × × × × ×	13	(6)
× × × × × ×	12	(6)
× × × × × ×	11	(6)
× × × × × ×	10	(6)
× × × × × ×	9	(6)
× × × × × ×	8	(6)
× × × × × ×	7	(6)
× × × × × ×	6	(6)
× × × × × ×	5	(6)
× × × × × ×	4	(6)
× × × × × ×	3	(6)

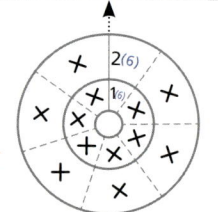

다리(흰색) 2개

ⱽ ×××	ⱽ ××××	ⱽ ×××	×		ⱽ ×	×××	12 (24)
× ××××	× ××××	× ×××	×		× ×	×××	11 (20)
ⱽ ×××	ⱽ ××××	ⱽ ×××	×		ⱽ ×	×××	10 (20)
× ×××	× ××××	× ×××	×		× ×	×××	9 (16)
× ×××	× ××××	× ×××	× ⋏⋏	⋏⋏ ×	×××	8 (16)
× ×××	× ××××	× ×××	⋏⋏	⋏⋏⋏	×××	7 (18)
× ×××	× ××××	× ×× ××	×⋏⋏	⋏⋏×	×××	6 (22)
× ×××	× ×××	× ×× ××××××	××××××	×××	5 (26)
× ×××	× ×××	× ×× ××××××	××××××	×××	4 (26)

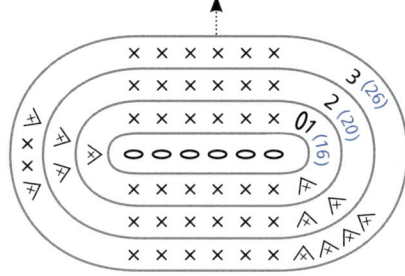

목도리(파란색)

사슬코 133코를 만든다.
기둥코 3코 빼고 130코를 사슬코 산에 걸어서 한길긴뜨기로 뜬다.

스키 바인딩(베이지색) 2개

| × × × × × × × × × × × × × × 0 1 (14) |
| ○ ○ ○ ○ ○ ○ ○ ○ ○ ○ ○ ○ ○ ○ |

사슬코 15코를 만든다.
기둥코 1코 빼고 14코를 사슬코 산에 걸어서 짧은뜨기로 뜬다.
다 뜬 후 스키판 양쪽에 돗바늘로 꿰매 붙인다.

스키판(하늘색) 2개

×××× ×××× ××××	37 (15)
×××× ×××× ××××	36 (15)
×××× ×××× ××××	35 (15)
×××× ×××× ××××	34 (15)
×××× ×××× ××××	33 (15)
×××× ×××× ××××	32 (15)
×××× ×××× ××××	31 (15)
×××× ×××× ××××	30 (15)
×××× ×××× ××××	29 (15)
×××× ×××× ××××	28 (15)
×××× ×××× ××××	27 (15)
×××× ×××× ××××	26 (15)
×××× ×××× ××××	25 (15)
×××× ×××× ××××	24 (15)
×××× ×××× ××××	23 (15)
×××× ×××× ××××	22 (15)
×××× ×××× ××××	21 (15)
×××× ×××× ××××	20 (15)
×××× ×××× ××××	19 (15)
×××× ×××× ××××	18 (15)
×××× ×××× ××××	17 (15)
×××× ×××× ××××	16 (15)
×××× ×××× ××××	15 (15)
×××× ×××× ××××	14 (15)
×××× ×××× ××××	13 (15)
×××× ×××× ××××	12 (15)
×××× ×××× ××××	11 (15)
×××× ×××× ××××	10 (15)
×××× ×××× ××××	9 (15)
×××× ×××× ××××	8 (15)
×××× ×××× ××××	7 (15)
×××× ×××× ××××	6 (15)
ⱽ ××× ⱽ ××× ⱽ ×××	5 (15)

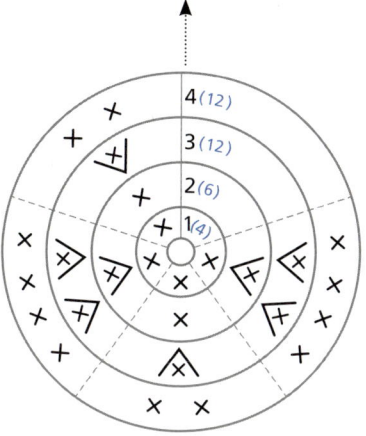

도안대로 뜬 후 돗바늘로
끝부분을 감침질하여 꿰맨다.

코 만들기 1단
(원형코 만들기)

1. 오른손으로 실의 끝부분을 잡고 왼손의 집게와 가운뎃손가락에 2번 감는다.
2. 왼손에 감은 실을 사진과 같이 손가락 위쪽에서 모두 잡아서 뺀다.

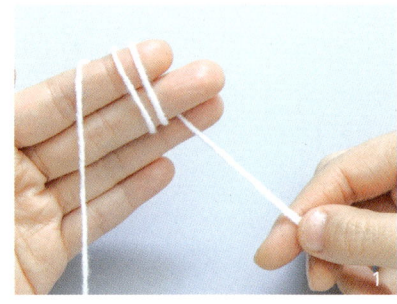
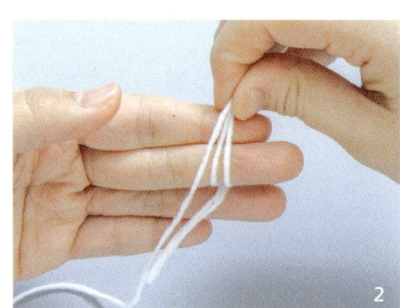

3. 실의 끝부분이 오른쪽으로 오도록 놓고, 고리를 오른손으로 잡는다.
4. 실타래의 실을 왼손 집게손가락에 1~2회 정도 감은 후, 오른손으로 잡고 있던 고리를 왼손으로 옮겨서 엄지와 가운뎃손가락으로 잡는다.

5. 오른손으로 바늘의 머리가 아래를 향하도록 잡은 후, 고리의 안쪽에 바늘을 넣는다.
6. 코바늘을 집게손가락에 걸린 실과 손가락 사이의 공간으로 통과시킨 후 바깥쪽에서 실을 감는다.

7. 감은 실을 고리 사이로 빼내면 사진처럼 된다.
8. 다시 실을 감는다.

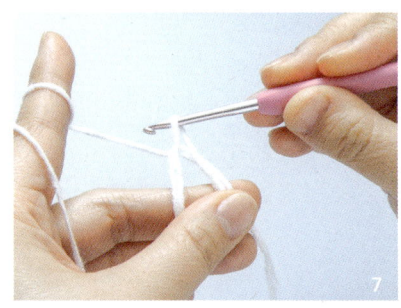
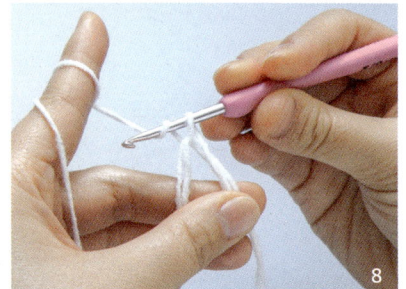

9. 감은 실을 고리 안(과정7에서 만든)으로 빼낸다.
10. 고리 안으로 바늘을 넣는다.

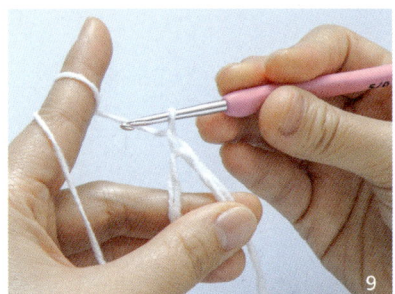
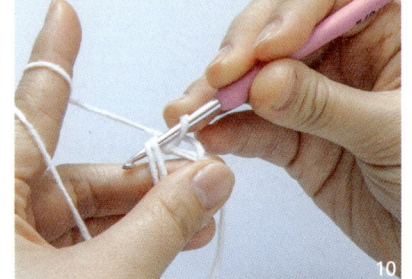

11 실을 감는다.
12 감은 실을 고리 안으로 빼낸다.

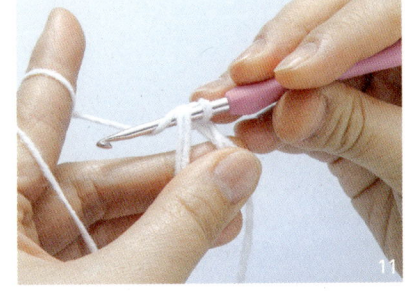

13 실을 한 번 더 감는다.
14 감은 실을 사진처럼 고리 2개 안으로 한번에 빼내면 첫 번째 원형코가 완성된다.

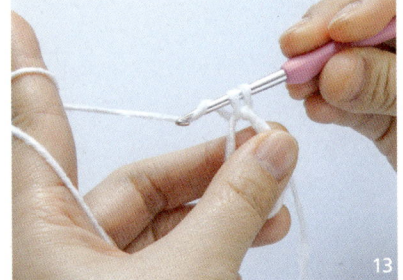
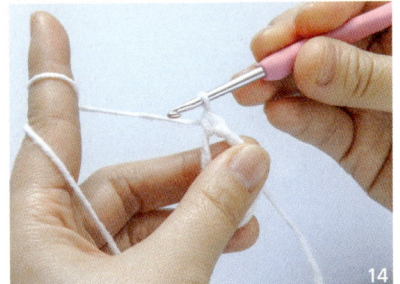

15 고리 안으로 바늘을 넣고, 실을 감는다.
16 감은 실을 고리 안으로 빼낸다.

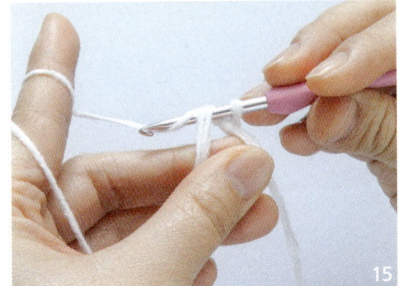
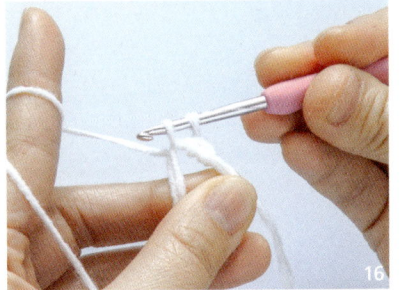

17 실을 한 번 더 감는다.
18 감은 실을 고리 2개 안으로 한번에 빼내면 두 번째 원형코 완성.
※ 원형코의 개수를 셀 때는 바늘에 걸려있는 고리는 제외하고 그 다음에 있는 사슬 모양의 코부터 끝난 자리까지 센다. 만들려고 했던 코의 개수가 맞는지 확인한 후 다음 단계로 넘어간다.

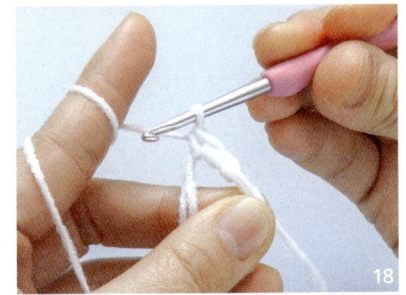

19 과정 15~18을 반복해서 원하는 개수만큼 원형코를 만든다. 사진은 원형코 6코를 만든 모습.
20 바늘이 걸려있던 코가 왼쪽으로 오도록 하고, 만들어진 모든 사슬코가 하늘 쪽을 향하도록 정렬한다.

21 코의 끝부분을 보면 사진처럼 원모양의 고리 2줄과 오른손 집게손가락 위의 짧은 줄이 있다. 이 중에서 짧은 줄은 그대로 둔다.
22 원모양의 고리 중에서 앞쪽에 있는 실을 잡는다.

23 실을 오른쪽 아래로 당기는데, 더 이상 당겨지지 않을 때까지 당긴다.
24 앞쪽 실을 모두 당겨서 뺀 모습.

25 과정21에서 그대로 둔 짧은 줄을 잡아서 끝까지 쭉 당긴다.
26 모두 잘 당기면 원형코 완성.

코 만들기 2단
(짧은뜨기 2코 늘려뜨기)

1 원형코를 만들고 난 후 생긴 고리에 바늘을 넣는다.
2 실타래와 연결된 실을 왼손 집게손가락에 감은 후 오른손으로 코바늘을 잡는다.

3 바늘에 걸려있는 고리를 제외하고 오른쪽 옆에 있는 코부터 시계 방향으로 세어서 6번째 코가 처음 짧은뜨기를 뜰 코가 된다.
4 과정3에서 찾은 코로 바늘을 넣는다. 사진처럼 사슬 모양의 2줄 아래로 정확히 바늘을 넣었는지 확인한다.

5 실을 감는다.
6 감은 실을 앞으로 끌어내면, 사진처럼 바늘에 2개의 고리가 생긴다.

7 실을 한 번 더 감는다.
8 감은 실을 고리 2개 안으로 한번에 빼낸다.
※과정4~8 '짧은뜨기(p.117 참조)' 1코.

9 2단은 '짧은뜨기 2코 늘려뜨기'를 6번 반복하여 12코를 만들어야 하므로 과정4와 똑같은 자리에 짧은뜨기(과정4~8)를 한 번 더 한다.
10 과정4와 같은 코에 바늘을 넣는다.

11 실을 감는다.
12 감은 실을 그대로 끌어낸다.

13 실을 한 번 더 감는다.
14 감은 실을 고리 2개 안으로 한번에 빼낸다.
   ※과정4-14 '짧은뜨기 2코 늘려뜨기(p.118 참조)'.

15 다음 코를 뜰 차례다. 시계 반대 방향으로 남은 5코에 '짧은뜨기 2코 늘려뜨기'를 5번 반복한다.
16 2단 총 12코 완성한 모습.
   ※p.14 코 도안을 참조하여 18단까지 완성한다.

～ 머리 만들기
(코와 몸통을 연결해서 뜬다.)

1 도안대로 뜬 무민 코(A)를 준비한다.
2 실은 15cm 정도 남기고 자른 후 코바늘에 걸린 고리를 위쪽으로 쭉 올려 남은 실을 모두 빼낸다.

3 몸통(B)을 도안(p.13 참조)대로 뜬 후 실은 자르지 않고 그대로 둔다.
4 앞에서 떠놓은 코(A)를 같이 준비한다.

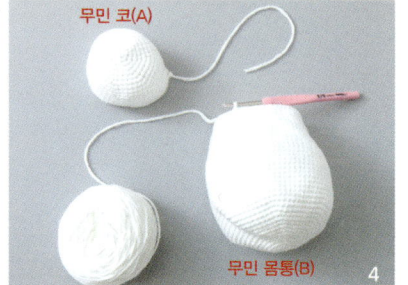

5 몸통과 연결된 실타래를 왼손 집게손가락에 감은 후 왼손 엄지손가락과 가운뎃손가락으로 코를 사진처럼 잡는다.
6 사진에서 바늘이 가리키는 코부터 뜬다.

7 코에 바늘을 넣는다.
8 이제 머리 도안(p.14 참조)대로 뜨는데, A에서 남겨둔 실을 감싸면서 뜬다.
※ 남은 실을 감싸면서 뜨면 실 정리를 따로 하지 않아도 된다.

9 A에서 남은 실을 바늘 위에 올려놓고 풀리지 않도록 왼손으로 잡은 후 실을 감는다.
10 감은 실을 앞으로 끌어낸다.

11 실을 한 번 더 감는다.
12 감은 실을 고리 2개 안으로 한번에 빼내면 짧은뜨기 1코 완성.

13 다음 코도 마찬가지로 A에서 남은 실을 감싸며 짧은뜨기를 한다.
14 도안대로 A를 34코 뜬다(A는 총 48코이므로 34코를 떠주면 14코가 남는다).

15 B에서 뜬 코를 제외하고 14코를 센다(14코는 비워 놓고, 나중에 그 구멍으로 솜을 넣는다).

16 15번째 코로 바늘을 넣는다.

17 바늘에 실을 감는다.

18 감은 실을 앞으로 끌어낸다.

19 실을 한 번 더 감는다.

20 감은 실을 고리 2개 안으로 한번에 빼내면 짧은뜨기 1코 완성.

21 34코를 짧은뜨기로 뜨면 B의 끝까지 온다.

22 A의 48코 중에서 34코, B의 48코 중에서 34코만 뜬 모양. A와 B 모두 14코는 뜨지 않았으므로 사진과 같이 중앙 부분은 뚫려있는 모양이 된다(39단을 떴을 때 모습).

23 40단부터 58단까지는 도안대로 뜬다.

24 뚫려있는 목 부분으로 솜을 넣는다.

25 58단까지 뜬 후 뒤통수를 마무리한다.
26 30cm 정도 실을 남긴 후 가위로 자르고, 바늘에 걸린 실을 위쪽으로 쭉 올려 남은 실을 모두 빼낸다.

27 58단까지 뜨고 나면 총 6코가 남는다.
앞서 남긴 실을 돗바늘에 끼운다. 사진과 같이 1번째 코부터 바깥쪽에서 안쪽으로 돗바늘을 넣는다.
28 돗바늘을 바깥으로 빼낸다.

 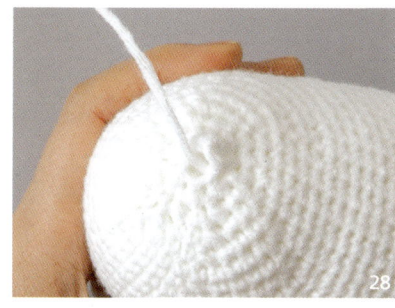

29 1번째부터 6번째 코까지 돗바늘로 모두 통과시킨다. 돗바늘이 지나온 방향으로 실을 당기면 코가 오므라든다.
30 다음 코에 돗바늘을 사진처럼 넣고 다른 코로 뺀다.

31 돗바늘을 빼고 실을 당기면 구멍이 깔끔하게 메워진다.
32 돗바늘에 걸려있는 남은 실은 3~4회 정도 솜 사이로 왔다 갔다 한 후 가위로 바짝 자른다.

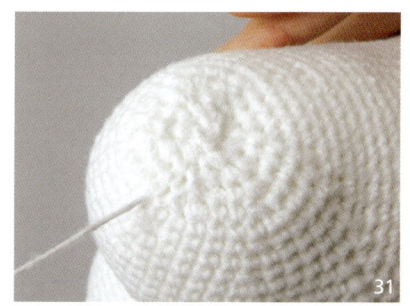 

33 인형의 옆모습.
※ 솜이 덜 들어간 곳이 있다면 이때 더 채워 넣는다.
34 뚫려있는 목 부분을 연결하기 위해 실을 30cm 정도로 자르고 한쪽은 매듭을 짓는다.

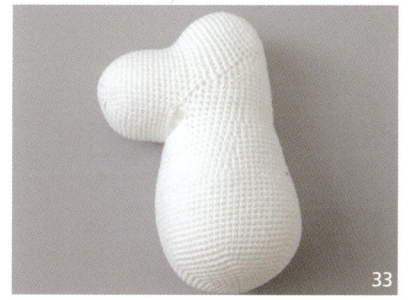 

35 돗바늘에 실을 끼우고 목의 옆 부분으로 돗바늘을 넣는다. 사진과 같은 위치에서 돗바늘을 빼낸다. 실 끝을 매듭지었으므로 안쪽에서 실이 걸린다.

36 사진과 같은 위치에 돗바늘을 넣는다.

37 실을 당기며 연결한다.

38 B의 2번째 코에 돗바늘을 넣는다.

39 A의 2번째 코에 돗바늘을 넣는다.

40 같은 방법으로 A와 B의 14번째 코까지 돗바늘로 꿰맨다.

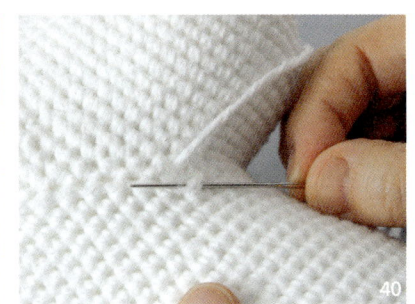

41 마지막 코까지 모두 꿰맨 후 돗바늘을 목 부분의 코와 코 사이로 빼낸다.

42 몸통에 밀착시켜 매듭을 짓는다.

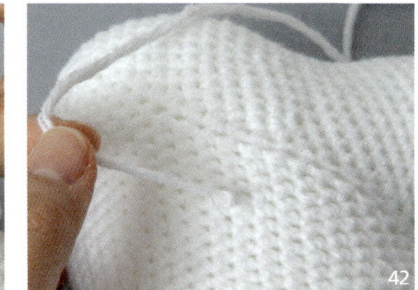

43 돗바늘을 빼낸 코와 코 사이로 다시 돗바늘을 넣고, 솜과 솜 사이로 통과시키며 다른 코로 돗바늘을 빼낸다.

44 목 부분 연결을 시작했던 곳으로 다시 돗바늘을 빼낸다.

45 처음 꿰매기 시작했던 부분을 한 번 더 꿰매 마무리한다.

46 잘 꿰매졌다면 돗바늘을 3~4회 정도 솜과 솜 사이로 왔다 갔다 하며 남은 실이 풀리지 않도록 한 후 마무리한다.

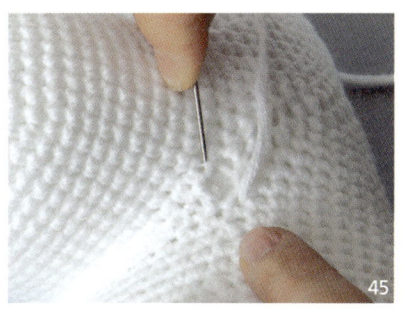
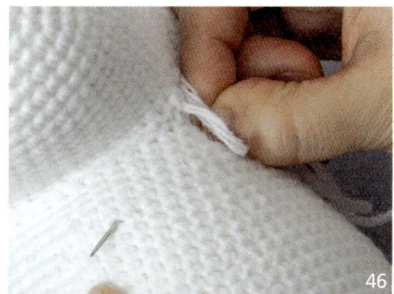

47 남은 실은 가위로 바싹 자른다.
48 몸통 완성.

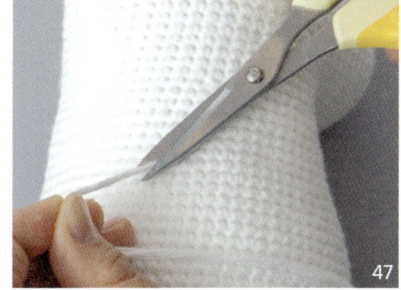
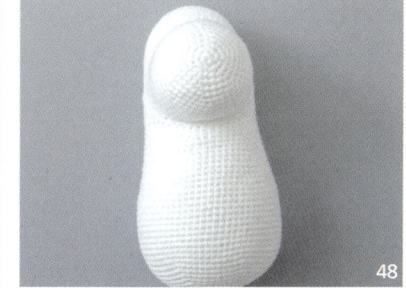

〜 귀 연결하기

1 도안(p.12 참조)대로 귀를 뜨고 남은 실을 돗바늘에 꿴다.

2 도안대로 뜨고 난 다음 코에 돗바늘을 넣고 맞은 편 코로 빼낸다.

3 빼낸 실을 당긴다.
4 다음 코에 사진처럼 돗바늘을 넣고 빼낸다.

5 빼낸 실을 당긴다.
6 6코를 꿰맨 후 사진과 같이 끝 쪽에 남아있는 1줄 사이로 돗바늘을 넣고 빼내면 정중앙에 실이 위치한다.

7 빼낸 실을 당긴다.
8 52단부터 시작하여 51단으로 향하도록 위치를 체크한다. 시침핀이 있다면 시작과 끝부분에 꽂아서 표시해도 되고, 사진처럼 기화성 펜으로 표시해도 된다. 귀와 귀 사이는 사진과 같이 2코 정도만 벌어지도록 한다.

 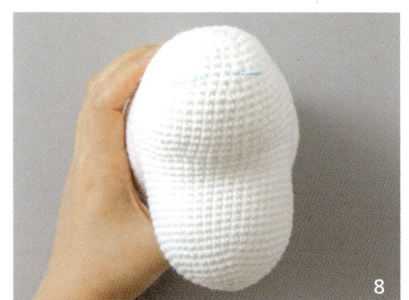

9 표시해 놓은 선의 첫코에 돗바늘을 넣고 빼낸다.
10 귀의 뒤쪽에서 바늘을 넣고 빼낸다.

11 실을 당긴다.
12 과정9의 다음 코에 다시 돗바늘을 넣고 빼낸다.

13 사진처럼 실을 당긴다.
14 과정10의 다음 코에 다시 돗바늘을 넣는다. 머리의 땀을 꿰맬 때는 모두 앞에서 뒤쪽으로, 귀를 꿰맬 때는 모두 뒤에서 앞쪽으로 향하게 돗바늘을 넣는다.

 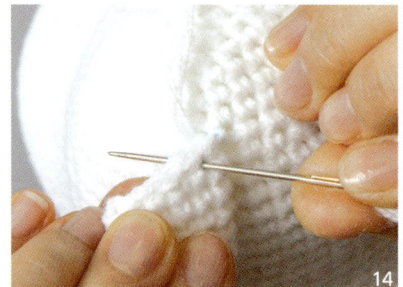

15 과정14에서 돗바늘을 뒤에서 앞쪽으로 향하게 넣은 모습을 앞에서 보면 사진과 같다.
16 실을 당긴다.

17 마지막 코까지 같은 방법으로 연결한다.
18 끝부분이 살짝 떠있거나 덜 붙여진 듯이 보일 경우 떠있는 줄 사이로 돗바늘을 넣는다.

19 돗바늘을 사진처럼 빼낸다.
20 귀를 하나 더 뜨고 같은 방법으로 꿰매 붙인다.

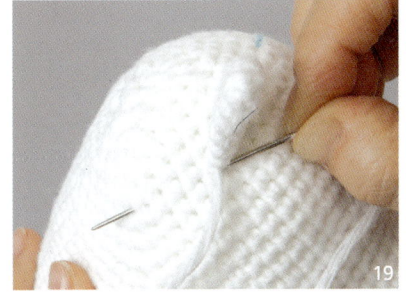 

엄지손가락 뜨는 법
(한길긴뜨기 4코 구슬뜨기)

1 도안(p.12 참조)대로 4단의 10번째 코까지 뜬 후에 11번째 코를 뜰 때 실을 감는다.
2 11번째 코에 바늘을 넣는다.

3 실을 한 번 더 감는다.

4 실을 앞으로 끌어내면 바늘에 3줄이 걸린다.

5 실을 한 번 더 감는다.

6 앞쪽의 고리 2개 안으로 빼내면 코바늘에 2줄이 걸린다.

7 실을 감는다.

8 과정2와 같은 코로 바늘을 넣는다.

9 실을 한 번 더 감는다.

10 실을 앞으로 끌어내면 바늘에 4줄이 걸린다.

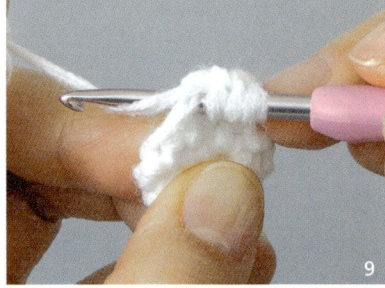

11 실을 한 번 더 감는다.

12 앞쪽의 고리 2개 안으로 빼내면 바늘에 3줄이 걸린다.

13 실을 감는다.
14 이번에도 같은 코로 바늘을 넣는다.

15 실을 한 번 더 감는다.
16 실을 앞으로 끌어내면 바늘에 5줄이 걸린다.

17 실을 한 번 더 감는다.
18 앞쪽의 고리 2개 안으로 빼내면 바늘에 4줄이 걸린다.

19 실을 감는다.
20 같은 코로 바늘을 넣는다.

21 실을 한 번 더 감는다.
22 실을 앞으로 끌어내면 코바늘에 6줄이 걸린다.

23 실을 한 번 더 감는다.
24 앞쪽의 고리 2개 안으로 빼내면 코바늘에 5줄이 걸린다.

25 실을 한 번 더 감는다.
26 고리 5개 안으로 한번에 빼낸다.
※과정1-26 '한길긴뜨기 4코 구슬뜨기(p.119 참조)'.

27 12번째 코로 바늘을 넣는다.
28 실을 감는다.

29 실을 앞으로 끌어내면 바늘에 2줄이 걸린다.
30 실을 한 번 더 감는다.

31 고리 2개 안으로 한번에 빼낸다. 4단 12번째 코의 짧은뜨기까지 완성.
32 펜이나 코바늘 뒤쪽으로 엄지손가락 뜬 부분에 넣어 눌러주면 봉긋한 모양이 살아난다. 5단부터는 도안을 보며 뜬다.

～ 팔 연결하기

1 도안(p.12 참조)대로 뜬 팔 2개와 와이어를 준비한다.
2 몸통 양쪽에 팔이 달릴 위치를 표시한다.

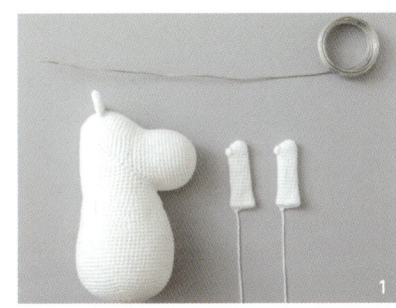
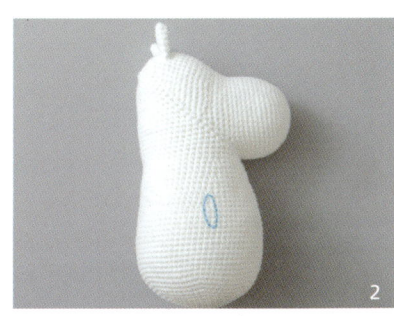

3 팔의 아래쪽에 솜을 조금 넣어놓는다.
4 표시한 자리의 중간 부분에 와이어를 넣는다.

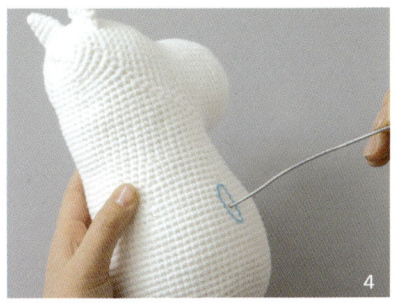

5 반대쪽에 표시한 자리의 중간 부분으로 와이어를 빼낸다.
6 사진처럼 와이어 끝부분을 구부린다.

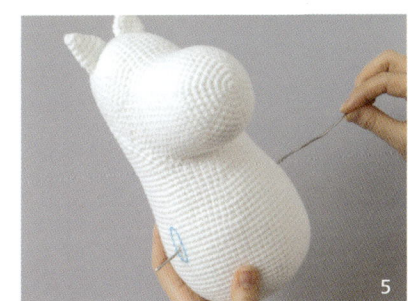
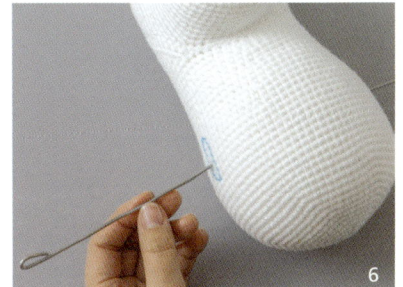

7 엄지손가락이 위쪽으로 가도록 와이어에 팔을 끼운다.
8 오른쪽도 팔의 길이만큼(구부릴 길이 포함) 와이어를 남기고 자른다.

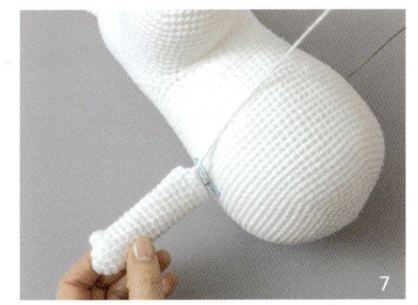

9 팔을 뜨고 남은 실을 돗바늘에 꿰어 다음 코로 넣는다.
10 엄지손가락이 위쪽으로 향해 있는지 확인한다.
과정9에서 돗바늘을 넣었던 팔의 위치와 맞닿는 몸통의 코로 돗바늘을 넣는다.

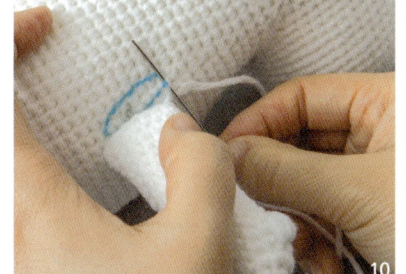

11 실을 당기며 연결한다.
12 과정9의 다음 코(왼쪽 방향으로 옆코)로 돗바늘을 넣는다.

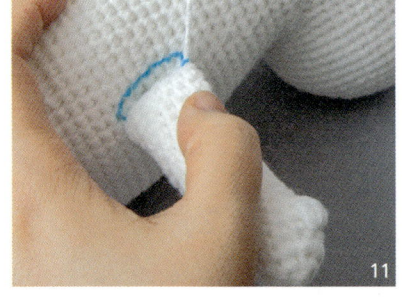
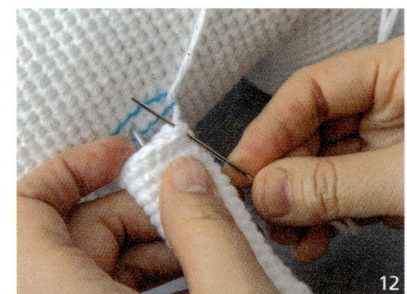

13 실을 당긴다.
14 과정12의 코와 맞닿는 몸통의 코로 돗바늘을 넣는다.

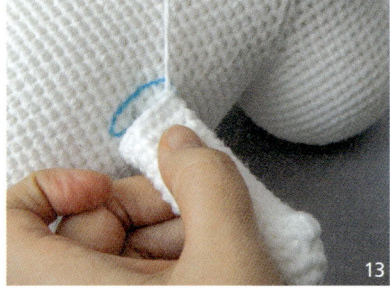

15 실을 당겨주며 연결한다.
16 작은 구멍이 남을 때까지 연결한다.

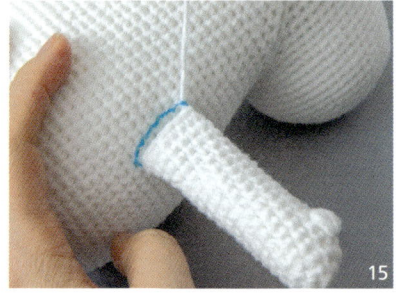
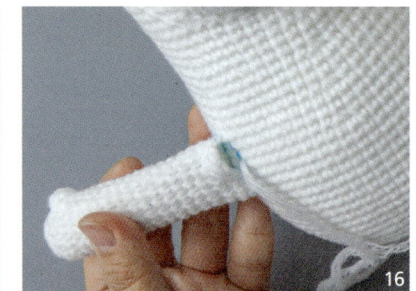

17 남은 구멍으로 솜을 더 넣는다. 빵빵하게 채우지는 말고 아래부터 위쪽으로 약 70% 정도만 채운다.
18 마지막 남은 코까지 모두 꿰맨다.

19 팔의 마지막 코와 맞닿는 몸통의 코로 돗바늘을 넣고 다른 곳으로 돗바늘을 빼낸다. 솜 사이로 왔다 갔다 한 후에 실을 자른다.
20 반대쪽 팔도 과정9~19와 같은 방법으로 꿰맨다.

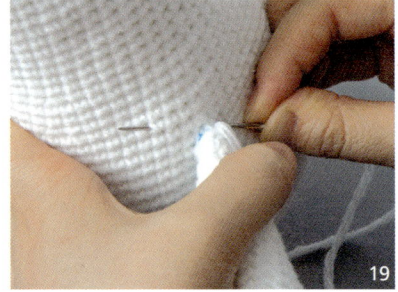
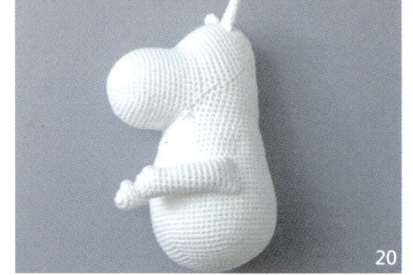

≲ 다리 만들기
(첫코 만들기, 사슬뜨기)

1 오른손으로 실의 끝부분을 잡고 사진처럼 실을 감는다.
2 한 번 더 감는다.

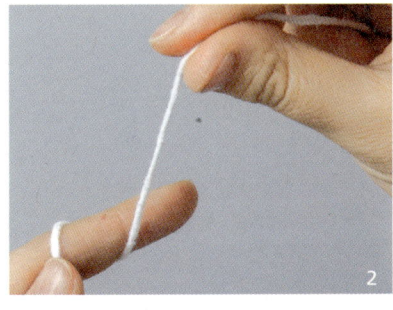

3 엄지손가락과 가운뎃손가락으로 실을 잡는다.
4 바늘을 잡고 실의 뒤쪽에 놓는다.

5~6 아래쪽으로 한 바퀴 감아올리면 사진처럼 실이 교차하는 부분이 생긴다.

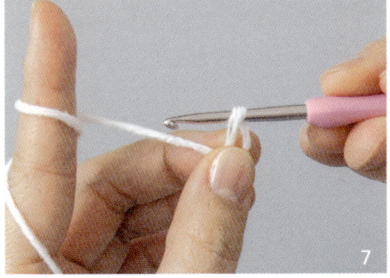

7 교차하는 부분이 풀리지 않게 왼손 엄지손가락과 가운뎃손가락으로 잡는다.
8 집게손가락에 걸린 실을 바늘로 감는다.

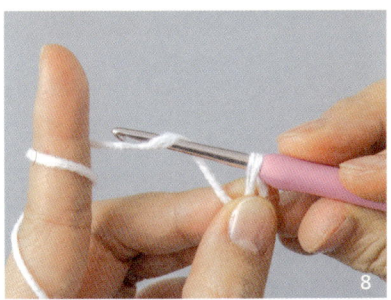
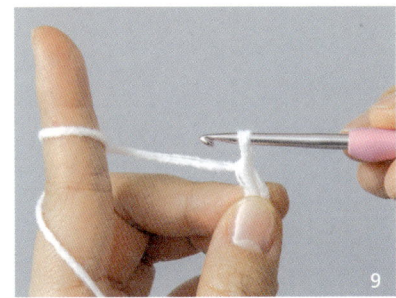

9 감은 실을 고리 안으로 빼낸다.
10 아래쪽의 실을 잡아당기면 매듭이 완성된다.
※과정1~10 '첫코 만들기(p.116 참조)'.

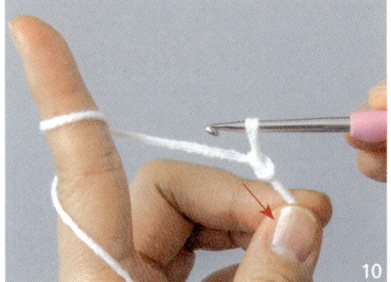

11 실을 한 번 더 감는다.
12 고리 안으로 빼낸다.
　※ 과정 11-12 '사슬뜨기(p.117 참조)' 1코.

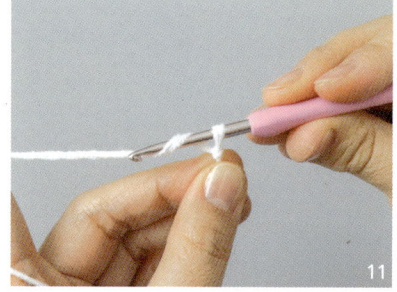

13 과정 11-12(사슬뜨기)를 반복하여 사슬 7코를 만든다.
14 사슬모양의 코가 보이는 곳의 반대쪽으로 돌려보면 사진과 같이 일자 모양의 7코가 보인다.

15 기둥코 1코를 제외하고 2번째 코로 바늘을 넣는다.
16 실을 감는다.

17 실을 앞으로 끌어내면 바늘에 2줄이 걸린다.
18 실을 한 번 더 감는다.

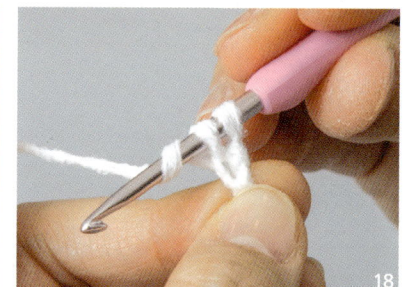

19 감은 실을 고리 2개 안으로 한번에 빼낸다.
20 다음 코로 바늘을 넣어서 다시 짧은뜨기를 한다.

21 마지막 7번째 코까지 짧은뜨기를 한다.

22 도안 1단을 보면 6번째 짧은뜨기 다음에 '짧은뜨기 2코 늘려뜨기'가 있는데, 7번째 코에 뜬다.

23 7번째 코에 바늘을 넣는다.

24 실을 감는다.

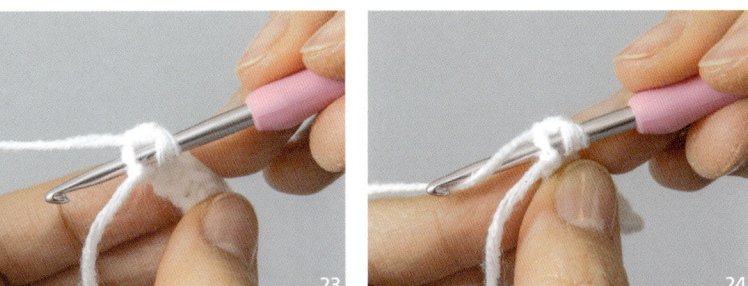

25 감은 실을 앞으로 끌어내면 바늘에 2줄이 걸린다.

26 실을 한 번 더 감는다.

27 감은 실을 고리 2개 안으로 한번에 빼낸다.
짧은뜨기 2코 늘려뜨기 중 짧은뜨기 1코를 완성한 모습.

28 같은 자리에 코바늘을 넣어 짧은뜨기 1코를 더 뜬다.

29 짧은뜨기 2코 늘려뜨기를 완성한 모습.

30 맞은편을 뜰 수 있도록 사진과 같이 눕혀서 잡는다.

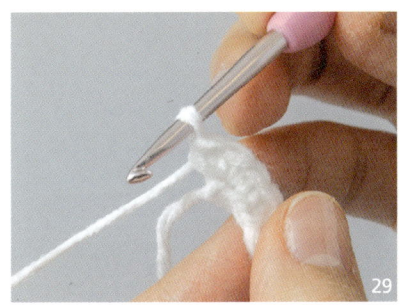

31 과정21, 22에서 바늘을 넣었던 7번째 코에 짧은뜨기를 한 번 더 뜬다.
32 바늘을 넣는다.

33 바늘을 넣은 후 실 끝을 오른쪽으로 당긴다.
34 1번째 코 사슬 모양 아래로 들어가 있는 것을 확인한 후 실을 감는다.

35 감은 실을 앞으로 끌어내면 바늘에 2줄이 걸린다.
36 실을 한 번 더 감는다.

37 감은 실을 고리 2개 안으로 한번에 빼내면 짧은뜨기 1코가 완성된다.
38 다음 코부터는 사슬 아래로 바늘을 넣으며 도안과 같이 짧은뜨기를 5코 더 뜬다.

39 6코 모두 뜬 모습.
40 마지막 짧은뜨기를 떴던 코에 다시 바늘을 넣는다.
41 같은 구멍에 짧은뜨기 2코 늘려뜨기를 해준 모습. 2단부터는 다음 코에 코바늘을 넣어 도안대로 뜬다.

다리 연결하기

1. 다리는 도안(p.15 참조)대로 뜬 후 50cm 정도 실을 남겨 준비한다. 하드 보드지나 쓰지 않는 책받침, 가방용 바닥 등 딱딱한 소재의 재료를 발바닥 모양대로 오려 준비한다.
2. 이랑뜨기를 해서 선이 생긴 발바닥과 똑같은 모양으로 오린다.

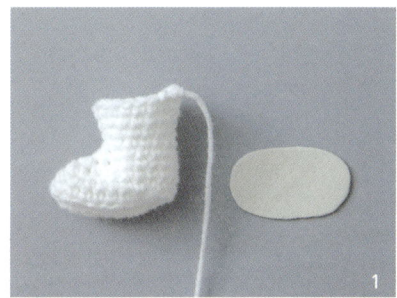
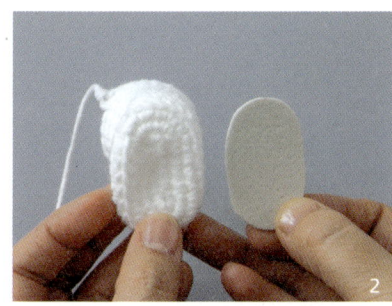

3. 솜을 넣기 전에 오려놓은 발바닥 재료를 넣는다.
4. 발바닥 재료의 크기가 이랑뜨기 안쪽으로 딱 맞는지 확인하고 작거나 크면 모양을 수정하여 다시 넣는다.

5. 솜을 채운다.
6. 솜은 100% 채우되 솜이 밖으로 빠져나오지 않게 한다.

7. 몸통의 원형코부터 세어서 4단의 시작점부터 12단 끝까지 다리를 꿰맬 자리를 체크한다.
8. 앞발 부분이 앞쪽을 보도록 다리를 배치한다.

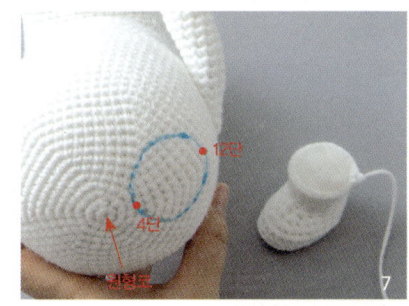
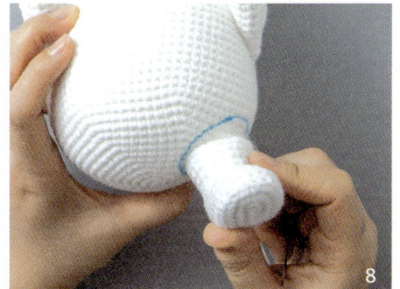

9. 다리를 뜨고 남은 실을 돗바늘에 꿰어놓는다. 돗바늘을 다리의 다음 코로 넣은 후 몸통 코에 넣는다.
10. 실을 당긴다.

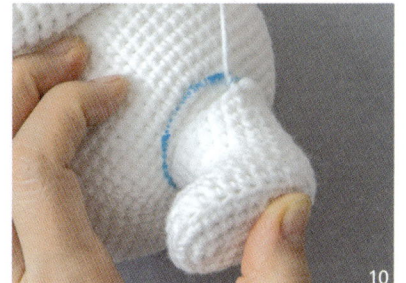

11 다음 코(왼쪽 방향)에 돗바늘을 넣는다.
12 실을 당긴다.

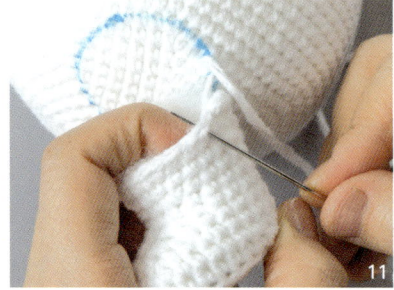

13 과정11에서 돗바늘을 넣었던 코와 맞닿는 몸통의 코로 돗바늘을 넣는다.
14 실을 당긴다.

15 작은 구멍이 남을 때까지 연결한다.
16 남은 구멍으로 100% 채워질 때까지 솜을 넣는다.

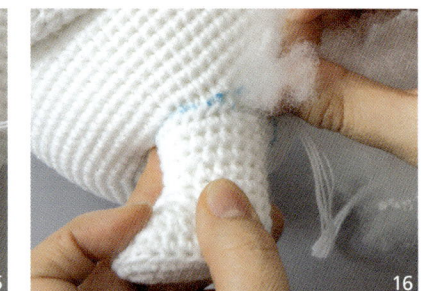

17 다리의 마지막 남은 코까지 모두 꿰맨다.
18 다리의 마지막 코와 맞닿는 몸통의 코로 돗바늘을 넣는다.

19 다른 곳으로 돗바늘을 빼내고, 솜 사이로 왔다 갔다 한 후에 실을 자른다.
20 반대쪽 다리도 과정9~19와 같은 방법으로 꿰맨다.

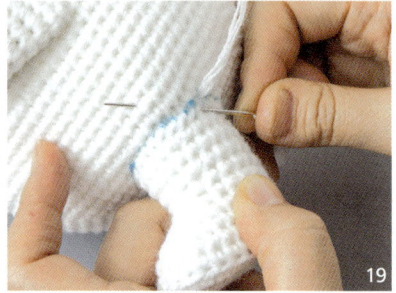

꼬리 연결하기

1 도안(p.14 참조)대로 꼬리를 만들고 실을 잘라 준비한다.
몸통의 원형코부터 세어서 13단의 시작점부터 15단 끝까지 꼬리를 꿰맬 자리를 표시한다.
2 와이어를 등쪽으로 깊게 넣는다.

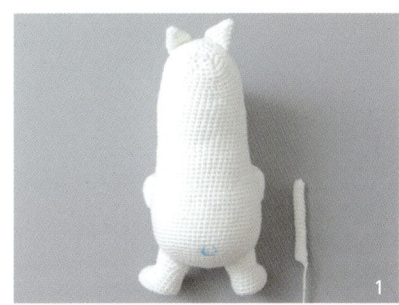
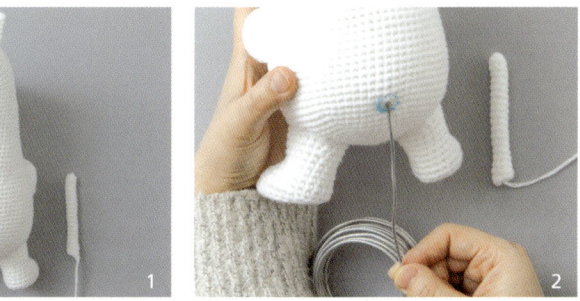

3 꼬리 길이에 맞춰서 와이어의 끝부분을 구부린 후 자른다.
4 동그랗게 꿰맨 후 실을 정리한다.

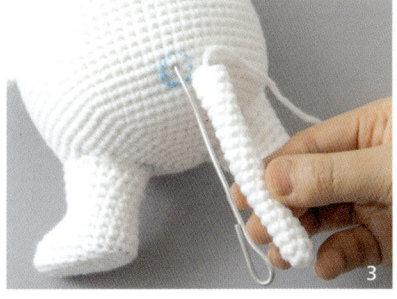
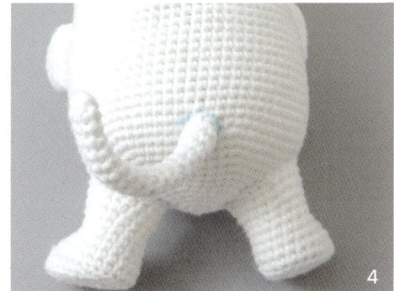

5 양모를 반으로 접는다.
6 손을 앞뒤로 비벼 양모의 끝부분을 뭉친다(양모바늘이 있을 경우 콕콕 찔러 모양을 만들어도 된다).

7 아래쪽만 여러 차례 비비면 사진처럼 물방울 모양이 된다.
8 글루건을 조금 짠다.

9 꼬리에 붙인다.
10 완성.

～ 눈 붙이기 & 눈썹 수놓기

1. 흰색과 검은색 펠트지를 눈 모양대로 자른다.
2. 글루건으로 흰색 위에 검은색 펠트지를 붙인다.

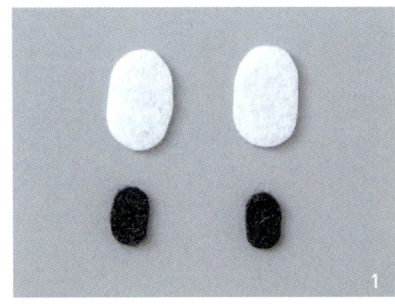

3. 코의 원형코부터 세어서 17단이 끝난 자리 바로 위에 글루건으로 눈을 붙인다. 한쪽 눈을 붙인 후 4코 떨어진 곳에 반대쪽 눈을 붙인다.
4. 돗바늘에 검은색 실을 꿰고 한쪽만 매듭을 지은 후 머리 뒤쪽으로 돗바늘을 넣는다.

5. 코의 원형코부터 세어서 26단이 끝난 자리 바로 위로 돗바늘을 빼낸다.
6. 돗바늘을 빼낸 곳에서 오른쪽으로 3코 옆, 1단 아래로 돗바늘을 넣는다.
7. 눈썹의 중간 부분으로 돗바늘을 빼낸다. 이때 실을 돗바늘 아래에 놓고 빼낸다.
8. 실을 당기면 사진과 같이 눈썹의 형태가 생긴다.

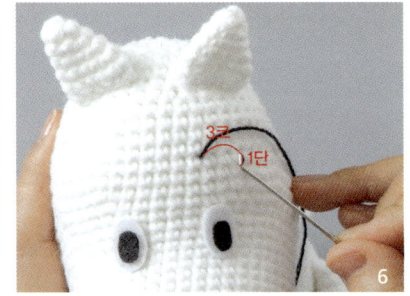

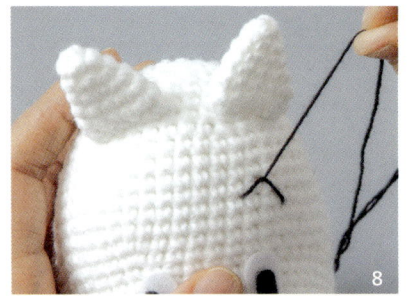

9. 과정7에서 돗바늘을 빼냈던 자리로 다시 돗바늘을 넣는다.
10. 반대쪽 눈썹을 수놓을 자리를 찾아서(오른쪽 눈썹과 4코 떨어진 곳) 돗바늘을 빼낸다.

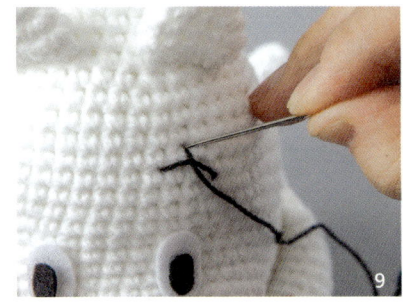
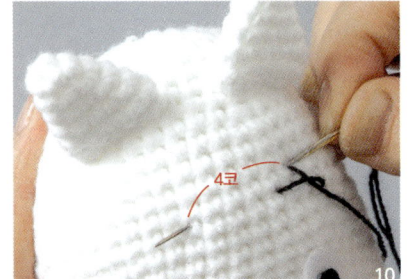

11 돗바늘을 빼낸 곳에서 왼쪽으로 3코 옆, 1단 아래로 돗바늘을 넣는다.
12 과정7과 같은 방법으로 돗바늘을 빼낸다.

13 과정8~9를 참조한다.
14 양쪽 눈썹을 모두 완성한 후 남은 실은 솜 사이로 왔다 갔다 한 후에 가위로 잘라서 마무리한다.

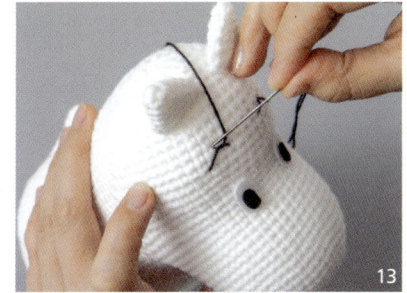 

SNORKMAIDEN
스노크메이든

무민의 여자친구 스노크메이든이에요.
꾸미기를 좋아하는 멋쟁이 스노크메이든은
금빛 앞머리를 알록달록한 꽃으로 장식하기 좋아합니다.
잊지 않고 늘 착용하는 발찌도
스노크메이든이 무척 아끼는 장신구이지요.

스노크메이든

～ 준비물

실 흰색, 노란색, 분홍색
바늘 모사용 코바늘 5/0호, 3/0호
(발찌), 돗바늘
완성 크기 25cm
기타 펠트지(흰색, 검은색), 자수 실
또는 뜨개실(검은색), 공예용 와이어,
양모, 솜, 신발용 바닥판
* 눈을 수놓을 경우 검은색 펠트지 대신
DMC 25번사 310을 사용한다.

～ 만드는 순서

①코 ▶ ②몸통 ▶ ③머리 ▶ ④귀 ▶
⑤팔 ▶ ⑥다리 ▶ ⑦꼬리 ▶
⑧앞머리 ▶ ⑨발찌 ▶ ⑩꽃

～ 만드는 방법

1. ①~⑦무민을 뜨는 과정(p.16~p.41 참조)과 같은 방법으로 만든다.
   ※ 도안은 무민(p.12~p.15 참조)과 같다.
2. ⑧앞머리를 만들어서 머리에 붙인다.
   * '앞머리 만들어 연결하기(p.46)'를 참조한다.
3. ⑨발찌를 만들고 난 후 남은 실을 돗바늘에 끼우고 1단과 2단 사이를 꿰매면 링 형태가 된다. 다리에 발찌를 끼운다.
4. ⑩꽃을 만든다.

발찌(노란색)

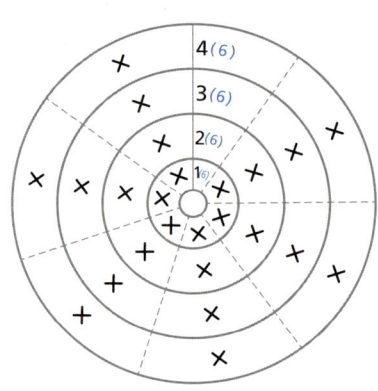

꽃(분홍색)

앞머리 (노란색)

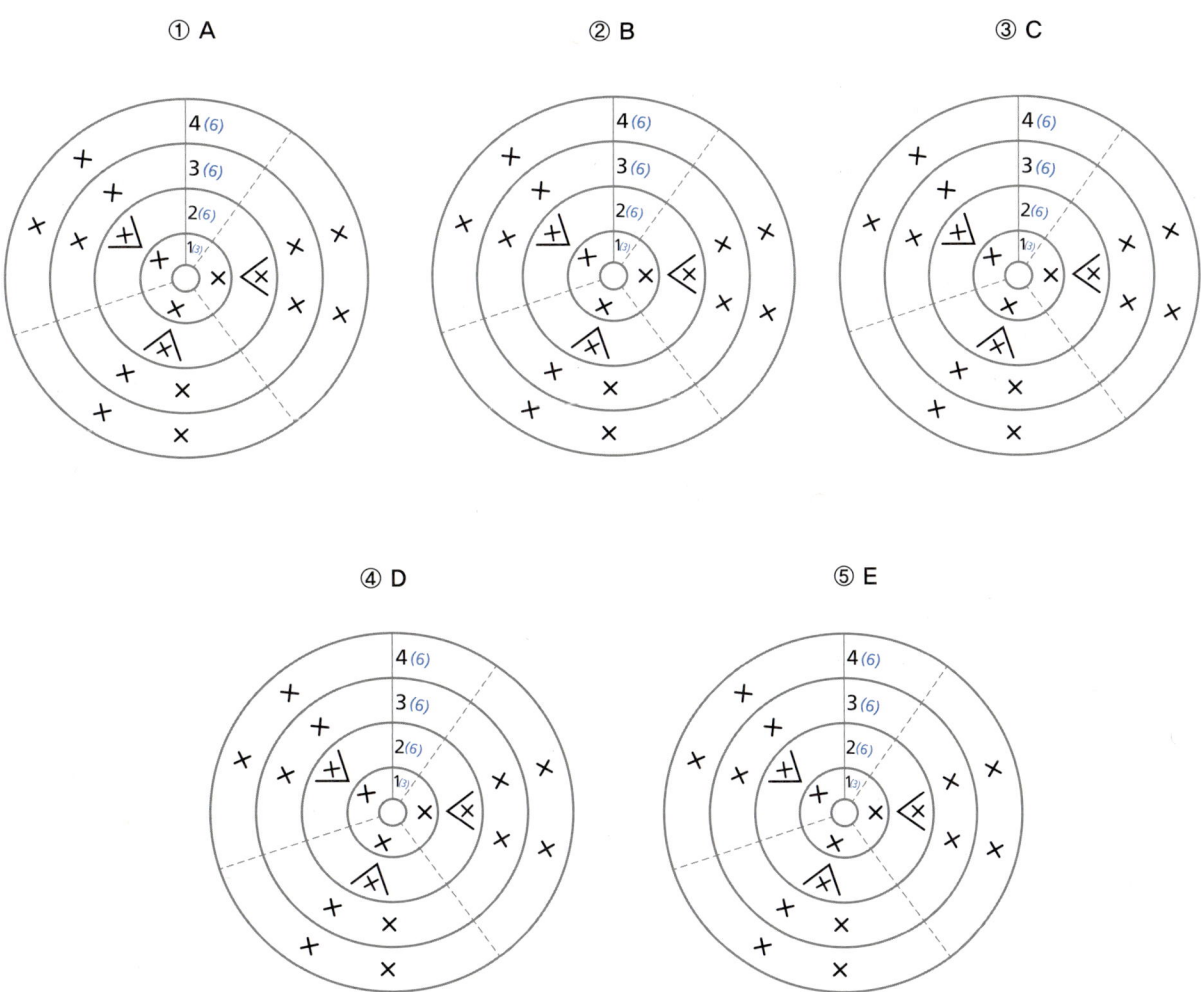

5개 모두 뜬 후 ⑤E는 실을 실타래에 연결해 놓고,
A, B, C, D는 실을 잘라서 준비한다.

⌇ 앞머리 만들어 연결하기

1 도안(p.45 참조)대로 앞머리를 뜨는데, 똑같은 모양으로 5개를 뜨고 4개(A~D)는 다 뜬 후 약 5cm의 실만 남겨놓고 자른다. 남은 실은 바깥쪽으로 빼놓는다.
   남은 1개(E)는 실을 자르지 않고 둔다.

2 E를 잡고 왼손 집게손가락에 실을 감는다.

3 A를 왼손 엄지손가락과 가운뎃손가락으로 잡는다.

4 사진처럼 다음 코의 위치를 찾는다.

5 바늘을 넣는다.

6 짧은뜨기를 뜨는데 남은 실을 감싸면서 뜬다. 총 6코 중에서 3코만 짧은뜨기로 뜨면 2개의 머리카락이 연결된다.
   ※ 남은 실을 감싸면서 뜨면 실 정리를 따로 하지 않아도 된다.

7 B를 왼손 엄지손가락과 가운뎃손가락으로 잡는다.

8 실을 감싸면서 짧은뜨기 3코를 뜬다.

9 C는 실을 감싸면서 짧은뜨기 3코를 뜬다. D를 가져와 6코 모두 짧은뜨기로 뜬다. 5단은 5개(A~E) 모두 6코씩 총 30코를 뜬다.

10 도안대로 끝까지 뜬 후 끝을 오므린다(p.23 과정 **26-32** 참조). 남은 실로 끝난 부분과 머리카락의 꼭지 부분만 한 코씩 잡아서 연결한다. 눈썹 먼저 수놓은 후 앞머리를 붙인다.

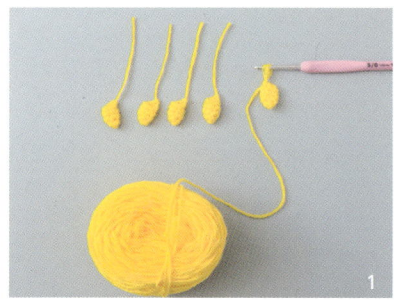

무민 마마(p.48) 앞치마

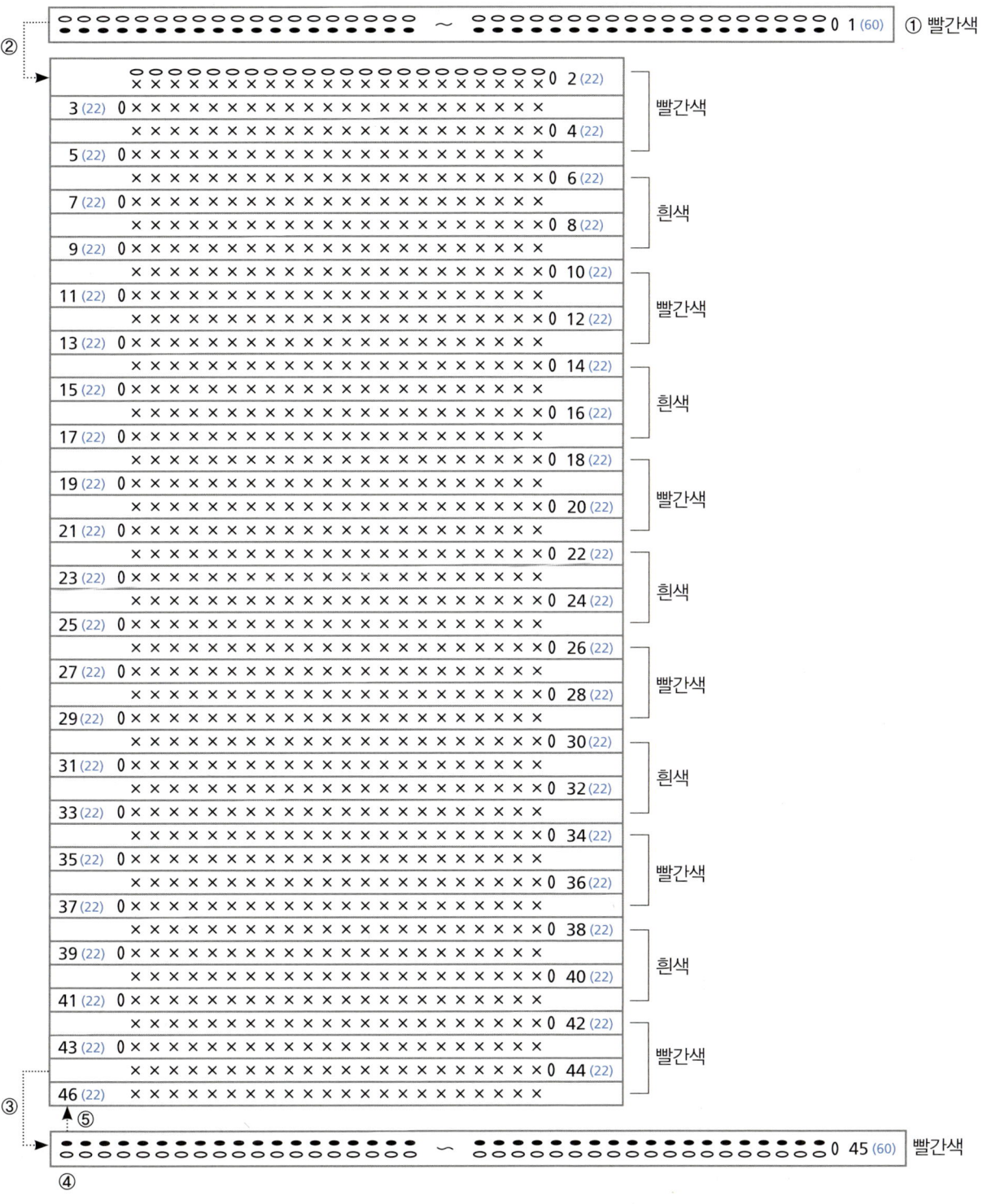

MOOMINMAMMA
무민 마마

빨간 스트라이프 앞치마를 두르고
늘 검은 핸드백을 지니고 다니는 무민 마마예요.
핸드백 속에는 가족들에게 필요한 것들이 모두 들어있답니다.
쉴 틈 없이 사고를 치는 가족을 살뜰히 챙기는, 다정한 엄마예요.

무민 마마

준비물

실 흰색, 빨간색, 검은색
바늘 모사용 코바늘 5/0호, 돗바늘
완성 크기 27.5cm
기타 펠트지(흰색, 검은색), 자수 실 또는 뜨개실(검은색), 공예용 와이어, 양모, 솜, 신발용 바닥판

* 눈을 수놓을 경우 검은색 펠트지 대신 DMC 25번사 310을 사용한다.

만드는 순서

①코 ▶ ②몸통 ▶ ③머리 ▶ ④귀 ▶
⑤팔 ▶ ⑥다리 ▶ ⑦꼬리 ▶ ⑧앞치마
▶ ⑨가방

만드는 방법

1. ①~⑦무민을 뜨는 과정(p.16~p.41 참조)과 같은 방법으로 만든다. 과정은 동일하되 도안은 다르니 유의하여 뜬다.

2. ⑧앞치마를 만들고 실을 정리한 후 몸통에 두른 후 뒤쪽에서 연결된 끈으로 리본을 묶는다.

3. ⑨가방은 12단까지 뜬 후에 사슬코를 25코 이어서 만들고 가방의 반대쪽 측면에 빼뜨기한다.

4. 가방 끈을 만들고 사슬코 25코 위에 빼뜨기를 25코 뜨고, 다시 가방의 반대쪽 측면에 빼뜨기하여 마무리한다.

5. 가방 측면이 쇼핑백처럼 접히도록 각을 잡아서 모양이 풀리지 않게 검은색 실로 조금씩 꿰맨다.

꼬리(흰색)

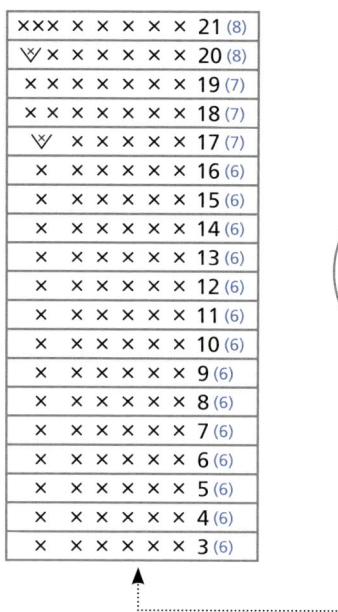

다리(흰색) 2개

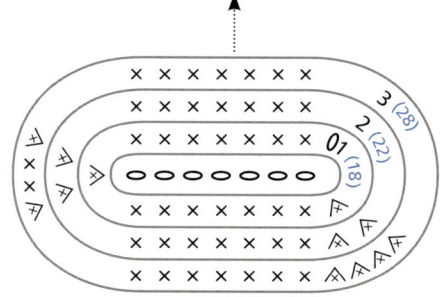

코(흰색)

××××××× ××××××× ××××××× ××××××× ××××××× ×××××××	18 (54)
××××××× ××××××× ××××××× ××××××× ××××××× ×××××××	17 (54)
××××××× ××××××× ××××××× ××××××× ××××××× ×××××××	16 (54)
××××××× ××××××× ××××××× ××××××× ××××××× ×××××××	15 (54)
××××××× ××××××× ××××××× ××××××× ××××××× ×××××××	14 (54)
××××××× ××××××× ××××××× ××××××× ××××××× ×××××××	13 (54)
××××××× ××××××× ××××××× ××××××× ××××××× ×××××××	12 (54)
××××××× ××××××× ××××××× ××××××× ××××××× ×××××××	11 (54)
××××××× ××××××× ××××××× ××××××× ××××××× ×××××××	10 (54)
ⱽ×××××× ⱽ×××××× ⱽ×××××× ⱽ×××××× ⱽ×××××× ⱽ××××××	9 (54)
ⱽ××××× ⱽ××××× ⱽ××××× ⱽ××××× ⱽ××××× ⱽ×××××	8 (48)
ⱽ×××× ⱽ×××× ⱽ×××× ⱽ×××× ⱽ×××× ⱽ××××	7 (42)
ⱽ××× ⱽ××× ⱽ××× ⱽ××× ⱽ××× ⱽ×××	6 (36)
ⱽ×× ⱽ×× ⱽ×× ⱽ×× ⱽ×× ⱽ××	5 (30)

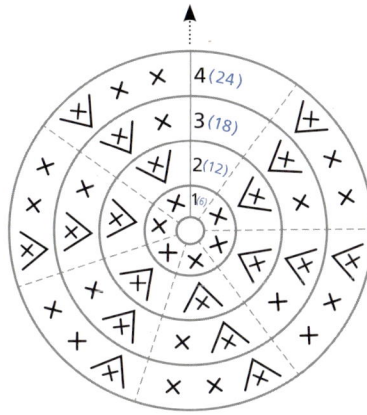

팔(흰색) 2개

×××× ×× ×××× ×× ×××× ××	19 (18)
ⱽ×× ×× ⱽ×× ×× ⱽ×× ××	18 (18)
××× × ××× × ××× ×	17 (15)
××× × ××× × ××× ×	16 (15)
××× × ××× × ××× ×	15 (15)
××× × ××× × ××× ×	14 (15)
××× × ××× × ××× ×	13 (15)
××× × ××× × ××× ×	12 (15)
××× × ××× × ××× ×	11 (15)
××× × ××× × ××× ×	10 (15)
××× × ××× × ××× ×	9 (15)
ⱽ× ×× ⱽ× ×× ⱽ× ××	8 (15)
×× ×× ×× ×× ×× ××	7 (12)
×× ×× ×× ×× ×× ××	6 (12)
×× ×× ×× ×× ×× ××	5 (12)

귀(흰색) 2개

ⱽ×××× × ⱽ×××× ×	6 (14)
ⱽ××× × ⱽ××× ×	5 (12)

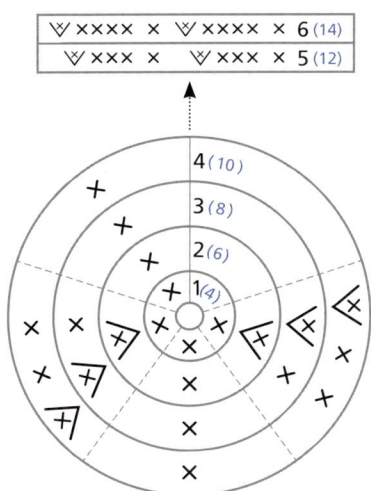

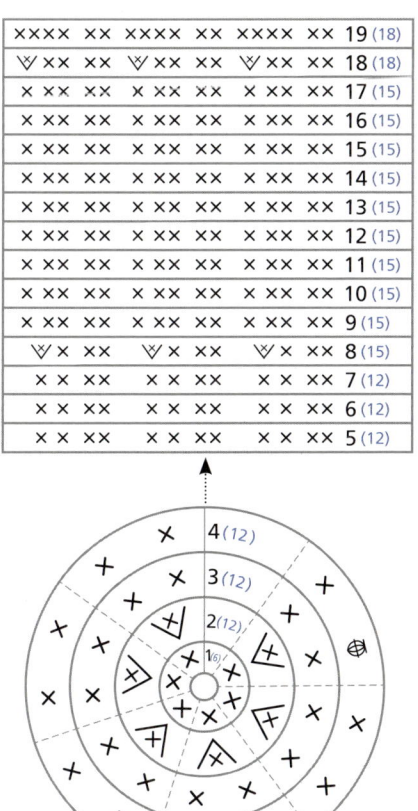

몸통(흰색)

×××××××××	×××××××××	×××××××××	×××××××××	×××××××××	×××××××××	43 (54)
×××××××××	×××××××××	×××××××××	×××××××××	×××××××××	×××××××××	42 (54)
⚠××××××××	⚠××××××××	⚠××××××××	⚠××××××××	⚠××××××××	⚠××××××××	41 (54)
×××××××××	×××××××××	×××××××××	×××××××××	×××××××××	×××××××××	40 (60)
×××××××××	×××××××××	×××××××××	×××××××××	×××××××××	×××××××××	39 (60)
⚠××××××××	⚠××××××××	⚠××××××××	⚠××××××××	⚠××××××××	⚠××××××××	38 (60)
××××××××××	××××××××××	××××××××××	××××××××××	××××××××××	××××××××××	37 (66)
××××××××××	××××××××××	××××××××××	××××××××××	××××××××××	××××××××××	36 (66)
⚠×××××××××	⚠×××××××××	⚠×××××××××	⚠×××××××××	⚠×××××××××	⚠×××××××××	35 (66)
×××××××××××	×××××××××××	×××××××××××	×××××××××××	×××××××××××	×××××××××××	34 (72)
×××××××××××	×××××××××××	×××××××××××	×××××××××××	×××××××××××	×××××××××××	33 (72)
⚠××××××××××	⚠××××××××××	⚠××××××××××	⚠××××××××××	⚠××××××××××	⚠××××××××××	32 (72)
××××××××××××	××××××××××××	××××××××××××	××××××××××××	××××××××××××	××××××××××××	31 (78)
××××××××××××	××××××××××××	××××××××××××	××××××××××××	××××××××××××	××××××××××××	30 (78)
⚠×××××××××××	⚠×××××××××××	⚠×××××××××××	⚠×××××××××××	⚠×××××××××××	⚠×××××××××××	29 (78)
××××××××××××××	××××××××××××××	××××××××××××××	××××××××××××××	××××××××××××××	××××××××××××××	28 (84)
××××××××××××××	××××××××××××××	××××××××××××××	××××××××××××××	××××××××××××××	××××××××××××××	27 (84)
××××××××××××××	××××××××××××××	××××××××××××××	××××××××××××××	××××××××××××××	××××××××××××××	26 (84)
××××××××××××××	××××××××××××××	××××××××××××××	××××××××××××××	××××××××××××××	××××××××××××××	25 (84)
××××××××××××××	××××××××××××××	××××××××××××××	××××××××××××××	××××××××××××××	××××××××××××××	24 (84)
××××××××××××××	××××××××××××××	××××××××××××××	××××××××××××××	××××××××××××××	××××××××××××××	23 (84)
××××××××××××××	××××××××××××××	××××××××××××××	××××××××××××××	××××××××××××××	××××××××××××××	22 (84)
××××××××××××××	××××××××××××××	××××××××××××××	××××××××××××××	××××××××××××××	××××××××××××××	21 (84)
××××××××××××××	××××××××××××××	××××××××××××××	××××××××××××××	××××××××××××××	××××××××××××××	20 (84)
××××××××××××××	××××××××××××××	××××××××××××××	××××××××××××××	××××××××××××××	××××××××××××××	19 (84)
××××××××××××××	××××××××××××××	××××××××××××××	××××××××××××××	××××××××××××××	××××××××××××××	18 (84)
××××××××××××××	××××××××××××××	××××××××××××××	××××××××××××××	××××××××××××××	××××××××××××××	17 (84)
××××××××××××××	××××××××××××××	××××××××××××××	××××××××××××××	××××××××××××××	××××××××××××××	16 (84)
××××××××××××××	××××××××××××××	××××××××××××××	××××××××××××××	××××××××××××××	××××××××××××××	15 (84)
V××××××××××××	V××××××××××××	V××××××××××××	V××××××××××××	V××××××××××××	V××××××××××××	14 (84)
V×××××××××××	V×××××××××××	V×××××××××××	V×××××××××××	V×××××××××××	V×××××××××××	13 (78)
V××××××××××	V××××××××××	V××××××××××	V××××××××××	V××××××××××	V××××××××××	12 (72)
V×××××××××	V×××××××××	V×××××××××	V×××××××××	V×××××××××	V×××××××××	11 (66)
V××××××××	V××××××××	V××××××××	V××××××××	V××××××××	V××××××××	10 (60)
V×××××××	V×××××××	V×××××××	V×××××××	V×××××××	V×××××××	9 (54)
V××××××	V××××××	V××××××	V××××××	V××××××	V××××××	8 (48)
V×××××	V×××××	V×××××	V×××××	V×××××	V×××××	7 (42)
V××××	V××××	V××××	V××××	V××××	V××××	6 (36)
V×××	V×××	V×××	V×××	V×××	V×××	5 (30)

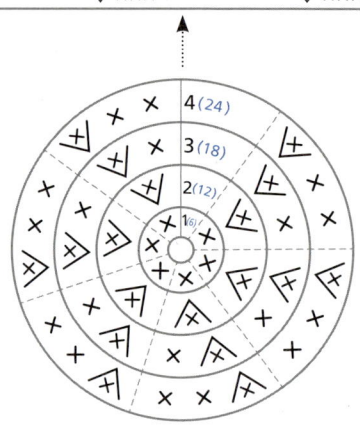

머리 = 코 + 몸통 (흰색)

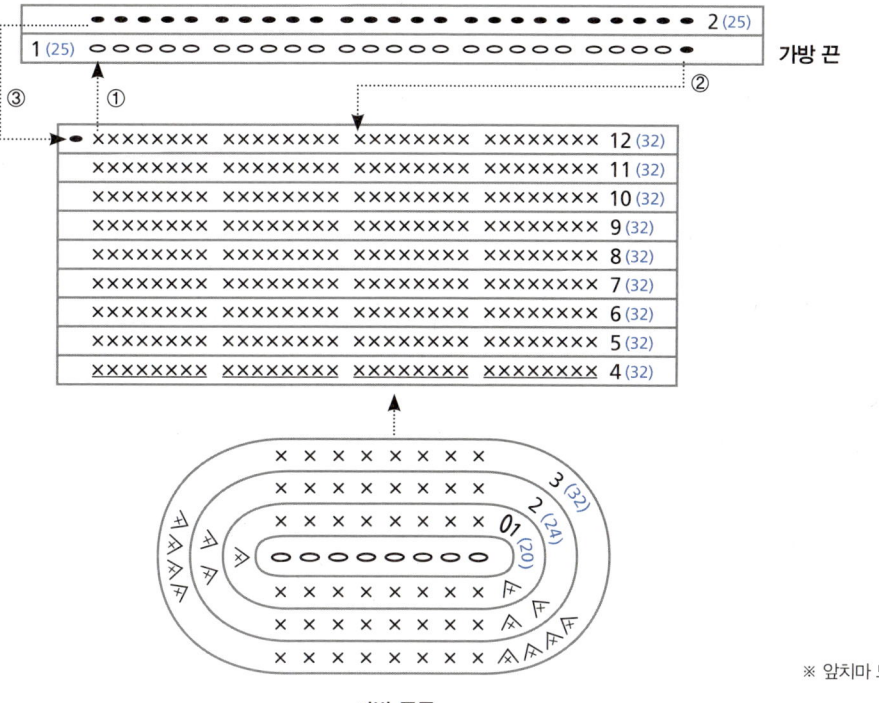

코와 몸통을 연결해서 뜨는데, 코 부분에서 36코 뜨고 18코는 남겨 놓는다.
몸통 또한 18코는 빼고 19번째 코부터 36코 뜨면 36+36=72코로 44단이 된다.

가방 (검은색)

가방 끈

가방 몸통

※ 앞치마 도안 p.47 참조.

MOOMINPAPPA
무민 파파

무민 가족의 가장, 무민 파파예요.
검은 모자와 지팡이가 무민 파파의 트레이드마크랍니다.
모험가를 꿈꿨지만 무민 마마를 만나면서 무민 골짜기에 살게 되었지요.
여전히 모험을 사랑해서, 가끔 훌쩍 여행을 떠나기도 하는
소년 같은 아빠입니다.

무민 파파

∿ 준비물

실 흰색, 빨간색, 검은색
바늘 모사용 코바늘 5/0호, 돗바늘
완성 크기 27.5cm
기타 펠트지(흰색, 검은색), 자수 실 또는 뜨개실(검은색), 공예용 와이어, 양모, 솜, 신발용 바닥판

* 눈을 수놓을 경우 검은색 펠트지 대신 DMC 25번사 310을 사용한다.

∿ 만드는 순서

①코 ▶ ②몸통 ▶ ③머리 ▶ ④귀 ▶
⑤팔 ▶ ⑥다리 ▶ ⑦꼬리 ▶ ⑧모자
▶ ⑨지팡이

∿ 만드는 방법

1. ①~⑦무민을 뜨는 과정(p.16~p.41 참조)과 같은 방법으로 만든다. 과정은 동일하되 도안은 다르니 유의하여 뜬다.
    * 도안은 무민 마마(p.50~p.53 참조)와 같다.
2. ⑧모자를 도안대로 뜬 후 남은 실은 돗바늘로 정리한다.
3. ⑨지팡이를 뜬 후 와이어를 넣고, 남은 실은 돗바늘로 정리한다. 위쪽을 지팡이 모양처럼 구부린다.
4. 모자를 씌우고 팔에 지팡이를 건다.

\ 지팡이 (검은색)

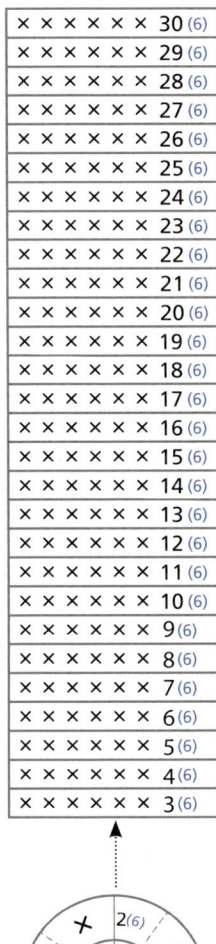

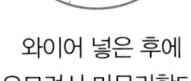

와이어 넣은 후에 오므려서 마무리한다.

모자(검은색, 빨간색)

•⋁××××× ⋁××××× ⋁××××× ⋁××××× ⋁××××× ⋁××××× ⋁××××× ⋁×××××	22 (72)
⋁××××× ⋁××××× ⋁××××× ⋁××××× ⋁××××× ⋁××××× ⋁××××× ⋁×××××	21 (64)
⋁×××× ⋁×××× ⋁×××× ⋁×××× ⋁×××× ⋁×××× ⋁×××× ⋁××××	20 (56)
× ×××× × ×××× × ×××× × ×××× × ×××× × ×××× × ×××× × ××××	19 (48)
× ×××× × ×××× × ×××× × ×××× × ×××× × ×××× × ×××× × ××××	18 (48)
× ×××× × ×××× × ×××× × ×××× × ×××× × ×××× × ×××× × ××××	17 (48)
× ×××× × ×××× × ×××× × ×××× × ×××× × ×××× × ×××× × ××××	16 (48)
× ×××× × ×××× × ×××× × ×××× × ×××× × ×××× × ×××× × ××××	15 (48)
× ×××× × ×××× × ×××× × ×××× × ×××× × ×××× × ×××× × ××××	14 (48)
× ×××× × ×××× × ×××× × ×××× × ×××× × ×××× × ×××× × ××××	13 (48)
× ×××× × ×××× × ×××× × ×××× × ×××× × ×××× × ×××× × ××××	12 (48)
× ×××× × ×××× × ×××× × ×××× × ×××× × ×××× × ×××× × ××××	11 (48)
× ×××× × ×××× × ×××× × ×××× × ×××× × ×××× × ×××× × ××××	10 (48)
× ×××× × ×××× × ×××× × ×××× × ×××× × ×××× × ×××× × ××××	9 (48)
△××××× △××××× △××××× △××××× △××××× △××××× △××××× △×××××	8 (48)
⋁××××× ⋁××××× ⋁××××× ⋁××××× ⋁××××× ⋁××××× ⋁××××× ⋁×××××	7 (56)
⋁×××× ⋁×××× ⋁×××× ⋁×××× ⋁×××× ⋁×××× ⋁×××× ⋁××××	6 (48)
⋁××× ⋁××× ⋁××× ⋁××× ⋁××× ⋁××× ⋁××× ⋁×××	5 (40)

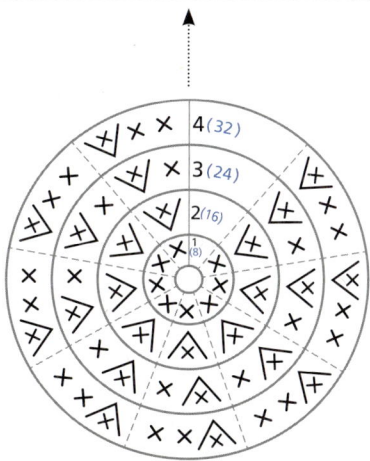

1~16단 검은색, 17~19단 빨간색, 20~22단 검은색

SNUFKIN
스너프킨

고독한 방랑자 스너프킨이에요. 모험을 즐기는 스너프킨은 겨울마다 남쪽으로 떠나 이듬해 봄이 되어서야 무민 골짜기로 돌아온답니다. 생각이 깊고 마음씨가 착해 무민이 어려움에 처할 때마다 조언을 아끼지 않습니다.

스너프킨

준비물

실 흰색, 살구색, 노란색, 연두색, 풀색, 초록색, 진갈색, 갈색
바늘 모사용 코바늘 5/0호, 돗바늘
완성 크기 32cm
기타 펠트지(흰색, 검은색), 자수 실 또는 뜨개실(검은색), 공예용 와이어, 솜, 신발용 바닥판

* 눈을 수놓을 경우 검은색 펠트지 대신 DMC 25번사 310을 사용한다.

만드는 순서

①모자 ▶ ②얼굴 ▶ ③몸통 ▶ ④바지 ▶ ⑤신발 ▶ ⑥겉옷 ▶ ⑦팔 ▶ ⑧귀 ▶ ⑨코 ▶ ⑩목도리

만드는 방법

1. 원형코 만들기로 6코를 만들어 ①모자부터 뜬다.
2. 모자를 다 뜬 후 남은 실은 돗바늘로 정리한다.
3. 모자 도안 19단에서 만든 이랑뜨기에 연결해서 ②얼굴을 뜨고 솜을 넣는다.
4. 이어서 ③몸통을 41단까지 뜬다. 42단부터는 ④바지를 뜨는데, 한쪽 바지통만 먼저 뜨고 솜을 넣는다. ④다른 쪽 바지통도 이어서 뜬다.
5. ⑤신발을 만들고 신발용 바닥판을 모양대로 오려서 넣는다. 신발에 솜을 채우고 양쪽 바지통에 붙인다.
6. 몸통 22단에서 만든 이랑뜨기에 연결해서 ⑥겉옷을 끝까지 뜨고, 남은 실은 돗바늘로 정리한다.
7. ⑦팔을 만들고 솜을 조금 넣어 놓는다. 몸통에 와이어를 꽂고, 엄지손가락을 위로 향하게 하여 돗바늘로 몸통에 꿰매 붙인다. 이때 팔에 솜을 더 넣는다. 겉옷의 3단 아래쪽에 일자로 꿰맨다.
8. ⑧귀를 머리카락과 얼굴 경계선에 맞춰 붙이는데, 모자와 연결된 얼굴 부분의 2단 아래 세로로 꿰맨다. 옆에서 봤을 때 팔의 중간 지점과 일직선이 되도록 붙인다.
9. 갈색 실을 돗바늘에 꿰어 매듭지은 후 귀 옆쪽부터 뒤통수, 그리고 반대쪽 귀 옆쪽까지 머리카락을 수놓는다.
10. ⑨코를 만들어 얼굴 위에 붙인다. 모자에서 연결된 얼굴 부분의 5단 아래부터 귀와 귀 사이인 얼굴의 중앙에 놓고 동그랗게 꿰맨다.
11. 펠트지를 잘라 눈을 만들고 글루건으로 붙인다. 눈썹과 입은 수놓는다.
12. 신발 위에 검은색 실로 신발 끈을 수놓는다.
13. 마지막으로 ⑩목도리를 만든다.

귀(살구색) 2개

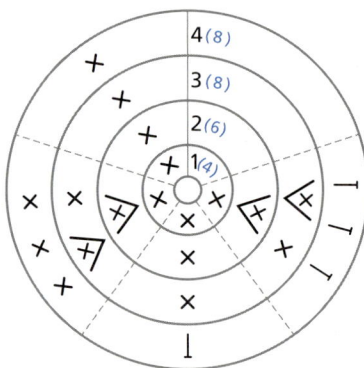

코(살구색)

모자(연두색)

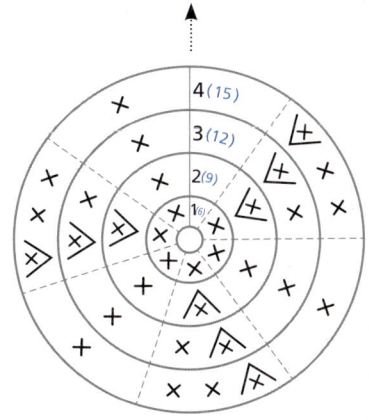

얼굴(살구색)

겉옷(풀색)

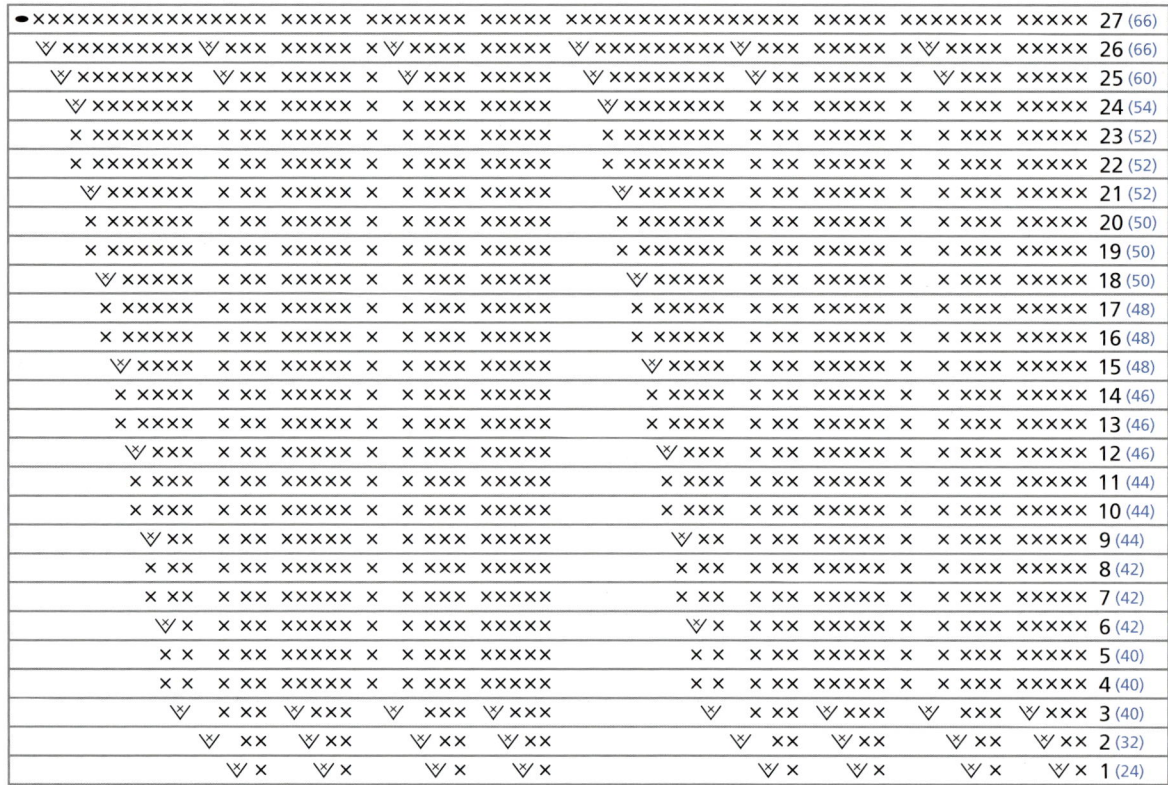

몸통 22단에 연결해서 뜬다.

신발(진갈색) 2개

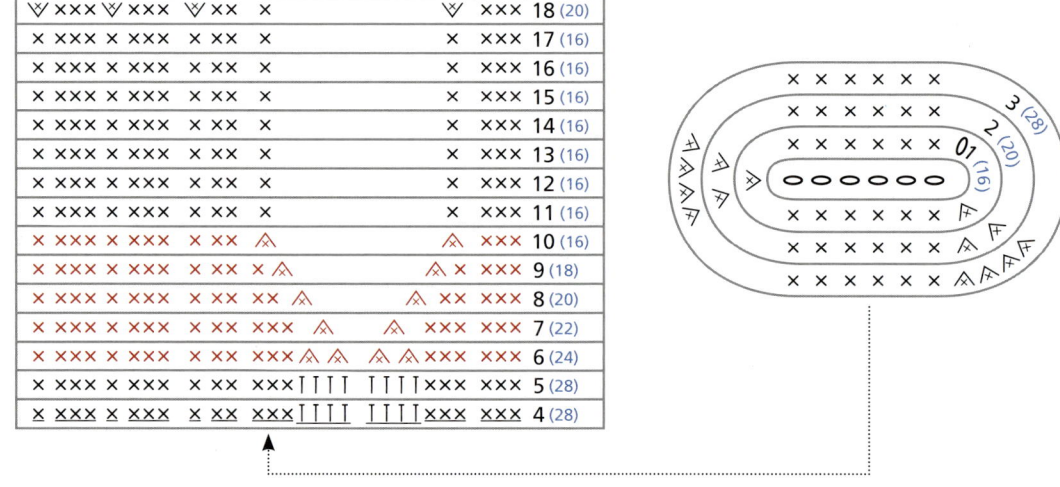

몸통&바지 (흰색, 초록색)

•×××× ×××× ×××× ×××× 50 (20)	•×××× ×××× ×××× ×××× 50 (20)
×××× ×××× ×××× ×××× 49 (20)	×××× ×××× ×××× ×××× 49 (20)
×××× ×××× ×××× ×××× 48 (20)	×××× ×××× ×××× ×××× 48 (20)
×××× ×××× ×××× ×××× 47 (20)	×××× ×××× ×××× ×××× 47 (20)
×××× ×××× ×××× ×××× 46 (20)	×××× ×××× ×××× ×××× 46 (20)
×××× ×××× ×××× ×××× 45 (20)	×××× ×××× ×××× ×××× 45 (20)
×××× ×××× ×××× ×××× 44 (20)	×××× ×××× ×××× ×××× 44 (20)
×××× ×××× ×××× ×××× 43 (20)	×××× ×××× ×××× ×××× 43 (20)
×××× ×××× ×××× ×××× 42 (20)	×××× ×××× ×××× ×××× 42 (20)

```
×××× ×××× ×××× ×××× ×××× ×××× ×××× ×××× 41 (40)
×××× ×××× ×××× ×××× ×××× ×××× ×××× ×××× 40 (40)
×××× ×××× ×××× ×××× ×××× ×××× ×××× ×××× 39 (40)
×××× ×××× ×××× ×××× ×××× ×××× ×××× ×××× 38 (40)
×××× ×××× ×××× ×××× ×××× ×××× ×××× ×××× 37 (40)
×××× ×××× ×××× ×××× ×××× ×××× ×××× ×××× 36 (40)
×××× ×××× ×××× ×××× ×××× ×××× ×××× ×××× 35 (40)
×××× ×××× ×××× ×××× ×××× ×××× ×××× ×××× 34 (40)
×××× ×××× ×××× ×××× ×××× ×××× ×××× ×××× 33 (40)
×××× ×××× ×××× ×××× ×××× ×××× ×××× ×××× 32 (40)
×××× ×××× ×××× ×××× ×××× ×××× ×××× ×××× 31 (40)
×××× ×××× ×××× ×××× ×××× ×××× ×××× ×××× 30 (40)
×××× ×××× ×××× ×××× ×××× ×××× ×××× ×××× 29 (40)
×××× ×××× ×××× ×××× ×××× ×××× ×××× ×××× 28 (40)
V×××  V×××  V×××  V×××  V×××  V×××  V×××  V××× 27 (40)
× ×××  × ×××  × ×××  × ×××  × ×××  × ×××  × ×××  × ××× 26 (32)
V××  V××  V××  V××  V××  V××  V××  V×× 25 (32)
× ××  × ××  × ××  × ××  × ××  × ××  × ××  × ×× 24 (24)
V×   V×   V×   V×   V×   V×   V×   V× 23 (24)
× ×   × ×   × ×   × ×   × ×   × ×   × ×   × × 22 (16)
```

22~36단 흰색, 37~50단 초록색
얼굴에 이어서 몸통, 바지까지 쭉 뜬다.

팔 (살구색, 풀색) 2개

```
××× ×× ×× ×× ×× ×× 23 (13)
××× ×× ×× ×× ×× ×× 22 (13)
××× ×× ×× ×× ×× ×× 21 (13)
××× ×× ×× ×× ×× ×× 20 (13)
××× ×× ×× ×× ×× ×× 19 (13)
××× ×× ×× ×× ×× ×× 18 (13)
××× ×× ×× ×× ×× ×× 17 (13)
××× ×× ×× ×× ×× ×× 16 (13)
××× ×× ×× ×× ×× ×× 15 (13)
××× ×× ×× ×× ×× ×× 14 (13)
××× ×× ×× ×× ×× ×× 13 (13)
××× ×× ×× ×× ×× ×× 12 (13)
××× ×× ×× ×× ×× ×× 11 (13)
××× ×× ×× ×× ×× ×× 10 (13)
××× ×× ×× ×× ×× ××  9 (13)
××× ×× ×× ×× ×× ××  8 (13)
××× ×× ×× ×× ×× ××  7 (13)
××× ×× ×× ×× ×× ××  6 (13)
××× ×× ×× ×⊕ ×× ××  5 (13)
```

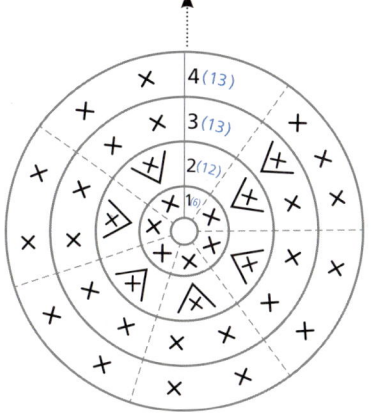

1~7단 살구색, 8~23단 풀색

목도리 (노란색)

```
        ×× ×× ××  ~  ×× ×× ××o 3(80)
2(80) o×× ×× ××  ~  ×× ×× ××
        ×× ×× ××  ~  ×× ×× ××o 1(80)
        oo oo oo  ~  oo oo oo
```

사슬코 81코를 만든다.
기둥코 1코 빼고 코를 사슬코 산에 걸어서 짧은뜨기로 3단까지 뜬다.

≳ 모자 마무리

1 모자는 도안(p.61 참조)대로 뜨고 마지막 코는 빼뜨기로 뜬다.
2 빼뜨기까지 뜬 후 실은 약 15cm 정도 남긴 후 코바늘에 걸린 고리를 위쪽으로 쭉 올려 남은 실을 모두 빼낸다.

3 남은 실을 돗바늘에 꿰고, 과정1에서 빼뜨기를 뜬 코에 돗바늘을 넣는다.
4 돗바늘을 빼낸다.

5 실을 당긴다.
6 안쪽의 코와 코 사이로 돗바늘을 넣어서 남은 실을 숨긴다.

7 코를 듬성듬성 지나다니는 것이 아니라 사진과 같이 바로 옆 코로 통과시켜야 실을 숨긴 것이 표 나지 않는다.
8 약 5cm 정도 숨기고 남은 실은 가위로 바짝 자른다.

◠ 얼굴 연결하기

1 모자 안쪽을 보면 19단에서 뜬 이랑뜨기의 줄이 있다.
2 이랑뜨기 줄의 시작코가 아닌 끝난 코 자리에 바늘을 넣는다.

3 얼굴을 뜨기 위해 살구색 실을 연결한다.
4 연결한 실을 그대로 빼내서 고리를 만든다.

5 실을 모두 위쪽으로 정리한다.
6 첫코에 바늘을 넣는다.

7 살구색 실을 연결하며 생긴 짧은 실을 감싸며 얼굴 1단의 도안(p.61 참조)을 보고 짧은뜨기로 뜬다.
  ※ 실을 감싸면서 뜨면 실 정리를 따로 하지 않아도 된다.
8 모자에 얼굴을 연결하여 도안대로 떠준 모습. 몸통 부분을 뜨기 전에 미리 솜을 채워 넣는다.

❦ 바지 뜨기

1. 도안(p.63 참조) 대로 41단까지 뜬 모습.
2. 41단까지 뜬 코에서 거꾸로 콧수를 세어서 20번째 코를 찾아놓는다. 왼손으로 잡고 있던 몸통을 시계 방향으로 180도 회전시킨다.

3. 회전시킨 몸통을 다시 잡는다.
4. 20번째 코로 바늘을 넣는다.

5. 실을 감는다.
6. 감은 실을 앞으로 끌어내면 사진처럼 바늘에 2줄이 걸린다.

7. 실을 감는다.
8. 감은 실을 고리 2개 안으로 한번에 빼내면 짧은뜨기 1코가 완성된다.

9. 다음 코로 바늘을 넣어서 47단이 끝나는 코까지 쭉 짧은뜨기를 뜬다.
10. 48단 20코는 이랑뜨기(p.119 참조)를 한다. 사슬 모양의 2줄 중에서 앞의 한 줄 반 코에 바늘을 넣어서 짧은뜨기를 뜬다.

11 짧은뜨기 뜨는 방법은 같다.
12 50단까지 도안대로 뜨고 마지막 코는 빼뜨기 한 후 실은 약 15cm 정도 남긴다.
   바늘에 걸린 고리를 위쪽으로 쭉 올려 남은 실을 모두 빼낸다(남은 실을 숨기는 방법은 '스너프킨 모자 마무리(p.64 참조)' 방법과 같다).

13 반대쪽 다리를 뜨기 전에 몸통에 솜을 채운다.
14 가랑이의 뒤쪽 바로 옆 코에 사진처럼 바늘을 넣는다.

15 같은 색 실을 준비한다.
16 실을 연결한다.

17 연결한 실을 그대로 빼내서 고리를 만든다.
18 사진에서 바늘이 가리키는 곳이 이어서 뜰 위치.

19 가랑이의 앞쪽 옆 코에 사진처럼 바늘을 돌려서 넣는다.
20 실을 감는다.

21 감은 실을 그대로 빼내면 바늘에 2줄이 걸린다.
22 실을 한 번 더 감는다.

23 감은 실을 고리 2개 안으로 한번에 빼내면 짧은뜨기 1코가 완성된다.
24 다음 코로 바늘을 넣어서 도안대로 끝까지 뜬다.

신발 연결하기

1 도안(p.62 참조)대로 신발을 뜨고, 약 30cm 정도 실을 남긴다. 솜과 함께 준비한다.
2 솜을 채운다.

3 실을 돗바늘에 꿰고, 신발과 몸통이 앞쪽을 보도록 잘 배치한다.
4 바지를 살짝 뒤집어보면 이랑뜨기를 떠서 만들어진 선을 찾을 수 있다.

5 신발에 연결된 실이 바지의 위치와 맞닿는 코로 돗바늘을 넣는다.
6 실을 당긴다.

7 신발의 다음 코(왼쪽 방향으로 옆 코)에 돗바늘을 넣는다.
8 실을 당긴다.

9 과정 5의 왼쪽 옆코에 돗바늘을 넣는다.
10 작은 구멍이 남을 때까지 꿰맨 후 남은 구멍으로 솜을 더 넣는다.

11 마지막 남은 코까지 모두 꿰맨다. 남은 실은 솜 사이로 왔다 갔다 한 후에 실을 자르고, 바지를 아래로 내린다.
12 한쪽 신발을 연결한 모습. 반대쪽 신발도 과정 1~11과 같은 방법으로 연결한다.

옷 뜨기

1 옷을 뜰 때 주의할 점은 모자를 쓴 머리 쪽이 아래로 향하게 놓고 떠야 한다.
   22단을 뜨고 만들어진 이랑뜨기의 마지막 줄에 코바늘을 놓는다.
2 바늘을 넣는다.

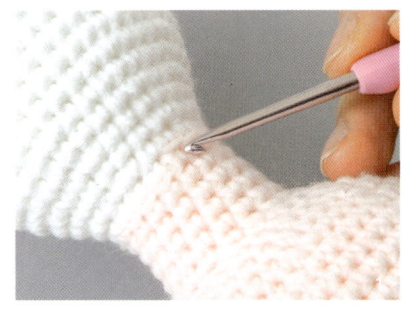

3 옷을 뜨기 위해 풀색 실을 연결한다.
4 연결한 실을 그대로 빼내서 고리를 만든다.

5 첫코의 위치.
6 바늘을 넣는다.

7 실을 감는다.
8 감은 실을 그대로 빼내면 코바늘에 2줄이 걸린다.
   이때 풀색 실을 연결하며 생긴 짧은 줄을 감싸며 짧은뜨기를 뜬다.
   ※ 실을 감싸면서 뜨면 실 정리를 따로 하지 않아도 된다.

9 실을 한 번 더 감는다.
10 감은 실을 고리 2개 안으로 한번에 빼내면 짧은뜨기 1코가 완성된다.
11 도안대로 뜨면 사진처럼 옷이 완성된다.

~ 머리카락 만들기

1. 갈색 실을 돗바늘에 꿰고, 2줄을 함께 매듭짓는다. 실을 너무 길게 하면 중간에 엉킬 수 있으니 150cm 정도로 하고, 부족하면 연결해서 사용하는 것이 좋다.
2. 뒤통수 쪽에서 돗바늘을 넣어 모자와 얼굴이 만나는 단으로 돗바늘을 빼낸다.
   귀에서 왼쪽으로 3코 떨어진 곳부터 시작한다.
3. 매듭이 안쪽에 걸리게 실을 당긴다.
4. 4단 아래 대각선으로 내려가서 귀 바로 옆으로 돗바늘을 넣는다.
5. 과정2에서 돗바늘을 빼낸 곳 오른쪽 옆 코로 돗바늘을 빼낸다.
6. 3단 아래 대각선으로 내려가서 귀 바로 옆까지 실로 빈 공간을 채워주듯 돗바늘을 넣는다.
   오른쪽으로 이동하며 반대쪽 귀가 있는 곳까지 반복한다.
7. 머리카락을 모두 수놓은 옆모습.
8. 뒷모습.

LITTLE MY
미이

무민의 또 다른 친구 미이예요.
제멋대로에, 늘 뾰로통한 얼굴이지만
실은 누구보다 용감하고 사랑스럽답니다.
친구들이 미이를 좋아하는 건 그 때문이지요.

미미

준비물

실 흰색, 살구색, 분홍색, 주황색, 빨간색, 검은색
바늘 모사용 코바늘 5/0호, 돗바늘
완성 크기 20cm
기타 펠트지(흰색, 검은색), 자수 실 또는 뜨개실(검은색), 공예용 와이어, 솜

* 눈을 수놓을 경우 검은색 펠트지 대신 DMC 25번사 310을 사용한다.

만드는 순서

①머리 ▶ ②얼굴 ▶ ③몸통 ▶ ④원피스 ▶ ⑤팔 ▶ ⑥다리 ▶ ⑦귀 ▶ ⑧코 ▶ ⑨목도리

만드는 방법

1. 원형코 만들기로 3코를 만들어 ①머리부터 뜨기 시작한다.
2. 머리를 7단까지 뜬 후에 솜을 넣고 18단까지 뜬다.
3. 머리를 다 뜬 후 살구색 실로 바꿔 ②얼굴(19~30단)을 뜨고 솜을 넣는다.
4. 이어서 흰색 실로 바꿔 ③몸통(31~45단)을 뜨고 솜을 모두 채운 후 돗바늘로 정리한다.
5. 31단에서 만든 이랑뜨기에 연결해서 ④원피스를 뜨고, 남은 실은 돗바늘로 정리한다(p.23 과정 26-32 참조).
6. ⑤팔을 만들고 솜을 조금 넣어 놓는다. 몸통에 와이어를 꽂고, 엄지손가락을 위로 향하게 하여 돗바늘로 몸통에 꿰매 붙인다. 이때 팔에 솜을 더 넣는다. 원피스 1~3단 사이에 사선으로 붙인다.
7. ⑥다리를 만들고 솜을 넣은 후 몸통 아래 붙인다. 몸통의 마지막 단부터 한쪽 방향으로 동그랗게 꿰맨다. 반대쪽 다리는 앞서 붙인 다리와 딱 붙게 꿰맨다.
8. ⑦귀를 머리와 얼굴 경계선에 맞춰 붙인다. 옆에서 봤을 때 팔의 중간 지점과 일직선이 되도록 꿰맨다.
9. ⑧코를 만들어 얼굴 위에 붙인다. 머리와 얼굴의 경계선에서 4단 아래, 귀와 귀 사이 얼굴의 중앙에 놓고 동그랗게 꿰맨다.
10. 펠트지를 잘라 눈을 만들어 글루건으로 붙인다. 눈썹과 입은 수놓는다.
11. 마지막으로 ⑨목도리를 만든다.

\ **코**(살구색) /

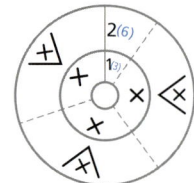

\ **귀**(살구색) 2개 /

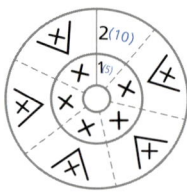

팔 (검은색, 빨간색) 2개

×××× ××××	16 (10)
×××× ××××	15 (10)
×××× ××××	14 (10)
×××× ××××	13 (10)
⋎××× ⋎×××	12 (10)
× ××× × ×××	11 (8)
× ××× × ×××	10 (8)
× ××× × ×××	9 (8)
× ××× × ×××	8 (8)
× ××× × ×××	7 (8)
⚠××× ⚠×××	6 (8)
×××× ××××	5 (10)
×××× ×××⊕	4 (10)

1~5단 검은색, 6~16단 빨간색

다리 (검은색, 흰색) 2개

× ×× ×× × × ×	9 (8)
× ×× ×× × × ×	8 (8)
× ×× ×× × × ×	7 (8)
× ×× ×× × × ×	6 (8)
× ×× ×× × × ×	5 (8)
× ×× ×× × ⚠ ×	4 (8)
× ×× ×× × ⚠⚠⚠	3 (9)
ⓧ×× ×× × ×× ×× ××	2 (12)
A B A	

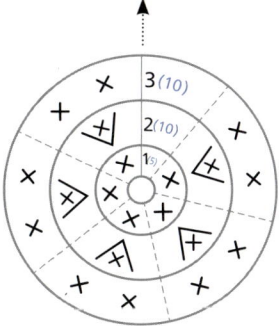

1~6단 검은색, 7~9단 흰색
A와 B를 뜬 후 A는 실을 실타래에 연결해 놓고, B는 실을 잘라서 준비한다.
2단은 1단을 뜬 A를 가져와서 짧은뜨기를 7코, 2단을 뜬 B를 가져와서 짧은뜨기 4코, 다시 A와 연결해 짧은뜨기 1코를 뜬다.

머리&얼굴&몸통 (주황색, 살구색, 흰색)

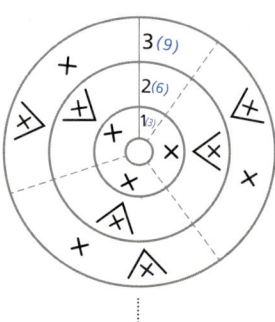

1~18단 주황색, 19~30단 살구색, 31~45단 흰색

원피스(빨간색)

```
● ××××××××  ××××××××  ××××××××  ××××××××  ××××××××  ×××××××× 15 (60)
ᴗ×××××××   ᴗ×××××××   ᴗ×××××××   ᴗ×××××××   ᴗ×××××××   ᴗ××××××× 14 (60)
× ×××××××  × ×××××××  × ×××××××  × ×××××××  × ×××××××  × ××××××× 13 (54)
ᴗ××××××    ᴗ××××××    ᴗ××××××    ᴗ××××××    ᴗ××××××    ᴗ×××××× 12 (54)
× ××××××   × ××××××   × ××××××   × ××××××   × ××××××   × ×××××× 11 (48)
ᴗ×××××     ᴗ×××××     ᴗ×××××     ᴗ×××××     ᴗ×××××     ᴗ×××××  10 (48)
× ×××××    × ×××××    × ×××××    × ×××××    × ×××××    × ×××××  9 (42)
ᴗ××××      ᴗ××××      ᴗ××××      ᴗ××××      ᴗ××××      ᴗ×××××   8 (42)
× ××××     × ××××     × ××××     × ××××     × ××××     × ×××××   7 (36)
ᴗ×××       ᴗ×××       ᴗ×××       ᴗ×××       ᴗ×××       ᴗ××××    6 (36)
× ××××     × ××××     × ××××     × ××××     × ××××     × ××××    5 (30)
× ××××     × ××××     × ××××     × ××××     × ××××     × ××××    4 (30)
ᴗ×××       ᴗ×××       ᴗ×××       ᴗ×××       ᴗ×××       ᴗ×××     3 (30)
ᴗ××        ᴗ××        ᴗ××        ᴗ××        ᴗ××        ᴗ××      2 (24)
× ××       × ××       × ××       × ××       × ××       × ××      1 (18)
```

몸통 31단에 걸어뜬다.

목도리(분홍색)

사슬코 73코를 만든다.

기둥코 3코 빼고 나머지 70코는 사슬코 산에 걸어서 한길긴뜨기로 뜬다.

THE HATTIFATTENER
해티패티

번개를 에너지원으로 삼아 살아가는 해티패티입니다.
늘 번개를 찾아다녀야 하는 탓에 방랑자의 삶을 삽니다.
천둥번개가 치는 날에는 번개를 맞으러 바다로 나가느라 바쁘지요.
초점 없는 눈을 동그랗게 뜨고, 오늘은 어디에서 번개를 찾고 있을까요?

해피패피

준비물
실 흰색
바늘 모사용 코바늘 3/0호(손), 5/0호, 돗바늘
완성 크기 12cm
기타 펠트지(흰색, 검은색), 솜

* 눈을 수놓을 경우 검은색 펠트지 대신 DMC 25번사 310을 사용한다.

만드는 순서
①몸통 ▶ ②몸통 아래쪽 ▶ ③손

만드는 방법
1 원형코 만들기로 6코를 만들어 ①몸통을 뜨기 시작한다.
2 32단까지 뜬 후에 솜을 넣고 마지막 단까지 떠서 마무리한다.
3 29단에서 만든 이랑뜨기에 연결해서 ②몸통 아래쪽을 끝까지 뜨고, 남은 실은 돗바늘로 정리한다(p.23 과정 **26-32** 참조).
4 ③손은 모사용 코바늘 3/0호로 만든다. 사슬코 7코를 만든 후 기둥코 1코를 제외하고 나머지 6코만 빼뜨기 한 후에 다시 사슬코 7코를 만들어 나머지 6코만 빼뜨기한다. 이 과정을 3회 반복한다.
5 돗바늘로 몸통에 한쪽 손을 붙인 후 남은 손은 먼저 붙인 반대쪽 손과 같은 방향을 향하게 놓고 붙인다. 원형코로 시작한 부분부터 세어서 11~16단 사이에 붙인다.
6 펠트지로 눈을 만들고 글루건으로 붙인다.

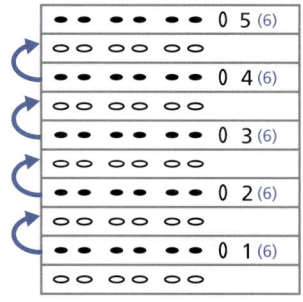

손(흰색) 2개

몸통 아래쪽(흰색)

몸통의 윗쪽(머리 부분)을 보고 29단의 이랑뜨기에 걸어서 뜬다.

몸통(흰색)

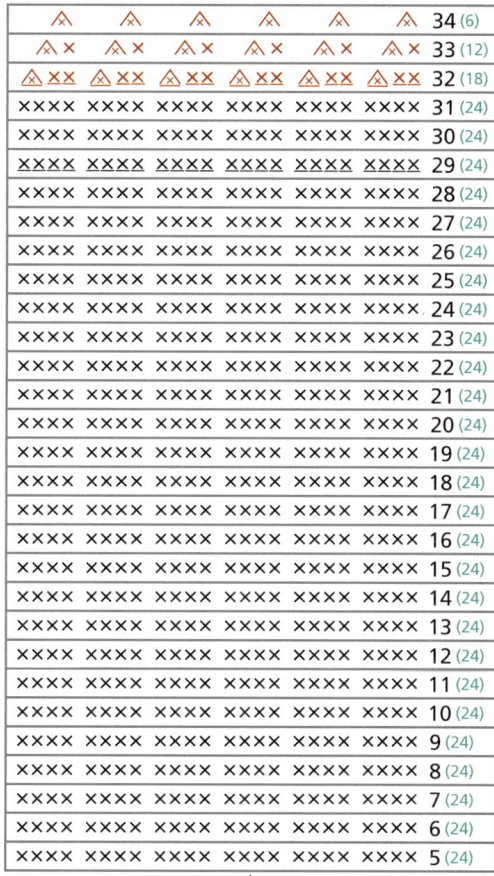
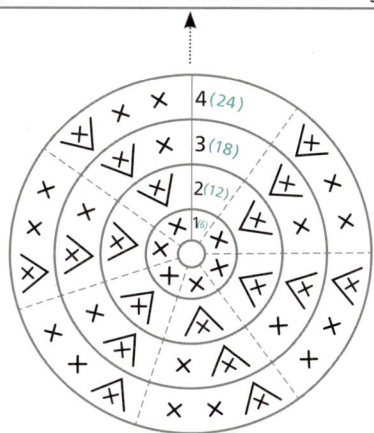

STINKY
스팅키

무민 골짜기의 대표 악당 스팅키입니다.
눈앞에 있는 것이라면 뭐든지 먹어치우고
씻는 것을 싫어해 몸에서 고약한 냄새가 나는 친구예요.
매일 누군가에게 장난을 치는 말썽꾸러기지만
가끔 무민을 도와주기도 하는 알쏭달쏭한 친구이지요.

스팅키

준비물

실 회색, 검은색, 검은색 솔잎사
바늘 모사용 코바늘 5/0호
완성 크기 21cm
기타 펠트지(흰색, 빨간색, 검은색), 자수 실 또는 뜨개실(검은색), 공예용 와이어, 솜, 신발용 바닥판

* 눈을 수놓을 경우 검은색 펠트지 대신 DMC 25번사 310을 사용한다.

만드는 순서

①얼굴&몸통 ▶ ②털 ▶ ③팔 ▶ ④다리 ▶ ⑤뿔

만드는 방법

1. 원형코 만들기로 6코를 만들어 ①얼굴&몸통을 뜨기 시작하는데, 2단부터 끝날 때까지 모두 이랑뜨기를 한다. 29단까지 뜨고 솜을 넣는다. 끝까지 뜬 후 솜을 더 채워 넣고 마무리한다(p.23 과정 **26-32** 참조).
2. 얼굴&몸통의 2단에 연결해서 ②털을 뜨는데, 검은색 솔잎사로 도안대로 끝까지 뜬다.
3. ③팔을 만들고 솜을 조금 넣어 놓는다. 몸통에 와이어를 꽂고, 엄지손가락을 위로 향하게 하여 돗바늘로 몸통에 꿰매 붙인다. 이때 팔에 솜을 더 넣는다. 원형코로 시작한 부분부터 18~20단 사이에 사선으로 붙인다.
4. ④다리를 만들고 신발용 바닥판을 모양대로 오려서 넣는다. 다리에 솜을 채우고 몸통에 붙인다. 몸통의 마지막 단부터 2단 위쪽에 동그랗게 꿰맨다. 반대쪽 다리도 대칭이 되도록 꿰매 붙인다.
5. ⑤뿔을 만들고 머리 위에 붙인다.
6. 펠트지를 잘라 눈, 코, 입을 만든다. 입을 만드는 펠트지 위에 이빨 모양을 수놓는다. 글루건으로 얼굴에 붙여 마무리한다.

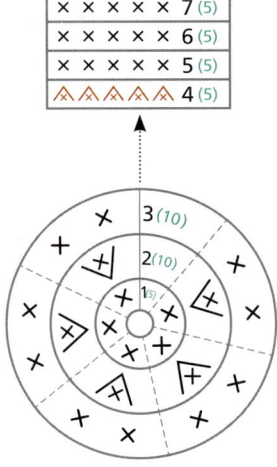

뿔(검은색) 2개

팔(회색) 2개

× × ××	× × ××	19 (8)
× × ××	× × ××	18 (8)
× × ××	× × ××	17 (8)
× × ××	× × ××	16 (8)
× × ××	× × ××	15 (8)
× × ××	× × ××	14 (8)
× × ××	× × ××	13 (8)
× × ××	× × ××	12 (8)
× × ××	× × ××	11 (8)
× × ××	× × ××	10 (8)
× × ××	× × ××	9 (8)
× × ××	× × ××	8 (8)
⋏ × ××	⋏ × ××	7 (8)
⋏ ×× ××	⋏ ×× ××	6 (10)
×× ×× ××	×× ××	5 (12)
⊕× ×× ××	×× ××	4 (12)
×× ×× ××	×× ××	3 (12)

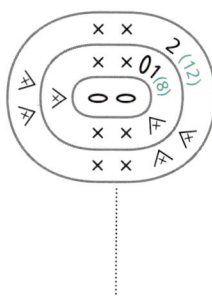

다리(회색) 2개

×× ×× ×× ×× ×	×	×	×	17 (11)
×× ×× ×× ×× ×	×	×	×	16 (11)
×× ×× ×× ×× ×	×	×	×	15 (11)
×× ×× ×× ×× ×	×	×	×	14 (11)
×× ×× ×× ×× ×	×	×	×	13 (11)
×× ×× ×× ×× ×	×	×	×	12 (11)
×× ×× ×× ×× ×	×	×	×	11 (11)
×× ×× ×× ×× ×	×	×	×	10 (11)
×× ×× ×× ×× ⋏	⋏	⋏	⋏	9 (11)
×× ×× ×× ×× ×⋏	⋏	⋏	⋏×	8 (14)
×× ×× ×× ×× ××× ⋏	⋏	⋏	×××	7 (18)
×× ×× ×× ×× ××× ×× ⋏⋏	⋏⋏ ××	×××		6 (22)
×× ×× ×× ×× ××× ××××××	××××××	×××		5 (26)
×× ×× ×× ×× ××× ××××××	××××××	×××		4 (26)
⋎ ⋎ ⋎ ××× ×× ⋎ ⋎ ××	×××			3 (26)

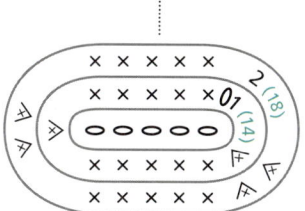

얼굴&몸통(검은색)

⚠	⚠	⚠	⚠	⚠	⚠	32 (6)
⚠×	⚠×	⚠×	⚠×	⚠×	⚠×	31 (12)
⚠××	⚠××	⚠××	⚠××	⚠××	⚠××	30 (18)
⚠×××	⚠×××	⚠×××	⚠×××	⚠×××	⚠×××	29 (24)
⚠××××	⚠××××	⚠××××	⚠××××	⚠××××	⚠××××	28 (30)
⚠×××××	⚠×××××	⚠×××××	⚠×××××	⚠×××××	⚠×××××	27 (36)
⚠××××××	⚠××××××	⚠××××××	⚠××××××	⚠××××××	⚠××××××	26 (42)
××××××××	××××××××	××××××××	××××××××	××××××××	××××××××	25 (48)
××××××××	××××××××	××××××××	××××××××	××××××××	××××××××	24 (48)
××××××××	××××××××	××××××××	××××××××	××××××××	××××××××	23 (48)
××××××××	××××××××	××××××××	××××××××	××××××××	××××××××	22 (48)
××××××××	××××××××	××××××××	××××××××	××××××××	××××××××	21 (48)
××××××××	××××××××	××××××××	××××××××	××××××××	××××××××	20 (48)
××××××××	××××××××	××××××××	××××××××	××××××××	××××××××	19 (48)
××××××××	××××××××	××××××××	××××××××	××××××××	××××××××	18 (48)
××××××××	××××××××	××××××××	××××××××	××××××××	××××××××	17 (48)
××××××××	××××××××	××××××××	××××××××	××××××××	××××××××	16 (48)
××××××××	××××××××	××××××××	××××××××	××××××××	××××××××	15 (48)
××××××××	××××××××	××××××××	××××××××	××××××××	××××××××	14 (48)
××××××××	××××××××	××××××××	××××××××	××××××××	××××××××	13 (48)
××××××××	××××××××	××××××××	××××××××	××××××××	××××××××	12 (48)
××××××××	××××××××	××××××××	××××××××	××××××××	××××××××	11 (48)
××××××××	××××××××	××××××××	××××××××	××××××××	××××××××	10 (48)
××××××××	××××××××	××××××××	××××××××	××××××××	××××××××	9 (48)
V××××××	V××××××	V××××××	V××××××	V××××××	V××××××	8 (48)
V×××××	V×××××	V×××××	V×××××	V×××××	V×××××	7 (42)
V××××	V××××	V××××	V××××	V××××	V××××	6 (36)
V×××	V×××	V×××	V×××	V×××	V×××	5 (30)

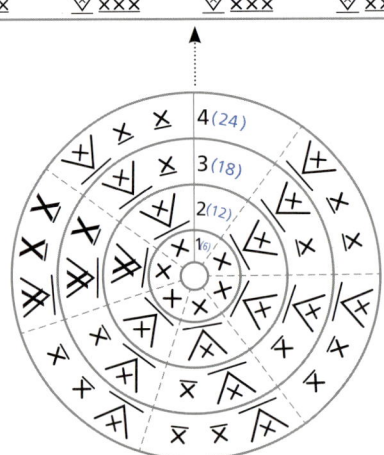

털(검은색)

×	×	×	×	×	×	31 (6)
××	××	××	××	××	××	30 (12)
×××	×××	×××	×××	×××	×××	29 (18)
××××	××××	××××	××××	××××	××××	28 (24)
×××××	×××××	×××××	×××××	×××××	×××××	27 (30)
××××××	××××××	××××××	××××××	××××××	××××××	26 (36)
×××××××	×××××××	×××××××	×××××××	×××××××	×××××××	25 (42)
××××××××	××××××××	××××××××	××××××××	××××××××	××××××××	24 (48)
××××××××	××××××××	××××××××	××××××××	××××××××	××××××××	23 (48)
××××××××	××××××××	××××××××	××××××××	××××××××	××××××××	22 (48)
××××××××	××××××××	××××××××	××××××××	××××××××	××××××××	21 (48)
××××××××	××××××××	××××××××	××××××××	××××××××	××××××××	20 (48)
××××××××	××××××××	××××××××	××××××××	××××××××	××××××××	19 (48)
××××××××	××××××××	××××××××	××××××××	××××××××	××××××××	18 (48)
××××××××	××××××××	××××××××	××××××××	××××××××	××××××××	17 (48)
××××××××	××××××××	××××××××	××××××××	××××××××	××××××××	16 (48)
××××××××	××××××××	××××××××	××××××××	××××××××	××××××××	15 (48)
××××××××	××××××××	××××××××	××××××××	××××××××	××××××××	14 (48)
××××××××	××××××××	××××××××	××××××××	××××××××	××××××××	13 (48)
××××××××	××××××××	××××××××	××××××××	××××××××	××××××××	12 (48)
××××××××	××××××××	××××××××	××××××××	××××××××	××××××××	11 (48)
××××××××	××××××××	××××××××	××××××××	××××××××	××××××××	10 (48)
××××××××	××××××××	××××××××	××××××××	××××××××	××××××××	9 (48)
××××××××	××××××××	××××××××	××××××××	××××××××	××××××××	8 (48)
××××××××	××××××××	××××××××	××××××××	××××××××	××××××××	7 (48)
××××××	××××××	××××××	××××××	××××××	××××××	6 (42)
×××××	×××××	×××××	×××××	×××××	×××××	5 (36)
××××	××××	××××	××××	××××	××××	4 (30)
×××	×××	×××	×××	×××	×××	3 (24)
××	××	××	××	××	××	2 (18)
×	×	×	×	×	×	1 (12)

얼굴&몸통의 2단에 연결해서 뜨는데, 검은색 솔잎사로 32단까지 이랑뜨기를 따라가며 뜬다.

ᔒ 복슬복슬한 털 만들기

1 도안(p.86 참조)대로 얼굴과 몸통을 뜬 후 한 가닥에 여러 개의 실이 달려있는 검은색 솔잎사를 준비한다.
2 2단 첫코에서 만든 이랑뜨기 줄에 코바늘을 넣는다.

3 새로운 실을 연결한다.
   ※ 솔잎사는 가닥이 많아 사진 상으로 구분이 어려워 빨간색 실로 대체하여 설명합니다.
4 연결한 실을 그대로 빼내서 고리를 만든다.

5 왼손 집게손가락에 실을 감고, 다음 코에 바늘을 넣는다.
6 실을 감는다.

7 감은 실을 그대로 빼내면 바늘에 2줄이 걸린다.
8 실을 한 번 더 감는다.

9 감은 실을 고리 2개 안으로 한번에 빼내면 짧은뜨기 1코가 완성된다.
10 다음 코로 바늘을 넣는다.

11 실을 감는다.
12 감은 실을 그대로 빼내면 바늘에 2줄이 걸린다.

13 실을 한번 더 감는다.
14 감은 실을 고리 2개 안으로 한번에 빼낸다.

15 32단의 6코가 끝나는 자리까지 이랑뜨기 한 코에 짧은뜨기를 한 번씩 뜬다.
16 솔잎사로 몸통의 모든 이랑뜨기에 짧은뜨기를 뜨고 팔, 다리를 연결하면 완성.

MYMBLE
밈블

미이의 언니 밈블이에요. 큰 눈과 긴 속눈썹이 매력적인 밈블은
미이와는 다르게 무척 여성스럽습니다.
항상 조신하지만 딱 하나, 로맨스를 위해서라면
물불을 가리지 않는답니다. 무민 골짜기 대표 사랑꾼이지요.

밈블

준비물

실 흰색, 살구색, 주황색, 하늘색, 보라색, 검은색

바늘 모사용 코바늘 5/0호, 돗바늘

완성 크기 31.5cm

기타 펠트지(흰색, 녹색, 검은색), 자수실 또는 뜨개실(검은색), 공예용 와이어, 솜

* 눈을 수놓을 경우 검은색 펠트지 대신 DMC 25번사 3818을 사용한다.

만드는 순서

①머리 ▶ ②얼굴 ▶ ③몸통 ▶ ④원피스 ▶ ⑤팔 ▶ ⑥다리 ▶ ⑦귀 ▶ ⑧코 ▶ ⑨프릴

만드는 방법

1. 원형코 만들기로 3코를 만들어 ①머리부터 뜨기 시작한다.
2. 머리를 12단까지 뜬 후에 솜을 넣고 26단까지 계속 뜬다.
3. 머리를 다 뜬 후 살구색 실로 바꿔 ②얼굴(27~47단)을 뜨고 솜을 넣는다.
4. 이어서 흰색 실로 바꿔 ③몸통(48~67단)을 뜨고 솜을 모두 채운 후 돗바늘로 정리한다(p.23 과정 26-32 참조).
5. 머리&얼굴&몸통 도안의 48단에서 만든 이랑뜨기에 연결해서 ④원피스를 도안대로 끝까지 뜨고 남은 실은 돗바늘로 정리한다.
6. ⑤팔을 만들고 솜을 조금 넣어 놓는다. 몸통에 와이어를 꽂고, 엄지손가락을 위로 향하게 하여 돗바늘로 몸통에 꿰매 붙인다. 이때 팔에 솜을 더 넣는다. 원피스 2~8단 사이에 사선으로 붙인다.
7. ⑥다리를 만들어 솜을 넣은 후 몸통 아래에 붙인다. 몸통의 마지막 단부터 2단 위쪽에 동그랗게 꿰맨다. 반대쪽 다리도 대칭이 되도록 꿰맨다.
8. ⑦귀를 머리와 얼굴 경계선에 맞춰 붙인다. 옆에서 봤을 때 팔의 중간 지점과 일직선이 되도록 꿰맨다.
9. ⑧코를 만들고 얼굴 위에 붙인다. 머리와 얼굴의 경계선에서 7단 아래, 귀와 귀 사이 얼굴 중앙에 놓고 동그랗게 꿰맨다.
10. 펠트지를 잘라 눈을 만든다. 눈을 붙일 공간을 얼굴 위에 시침핀이나 기화성 펜으로 체크한다. 속눈썹을 수놓은 후 글루건으로 얼굴에 눈을 붙인다. 눈썹과 입은 수놓는다.
11. ⑨프릴을 만들어서 머리&얼굴&몸통 도안의 48단에서 만든 이랑뜨기 24코에 돗바늘로 연결한다.

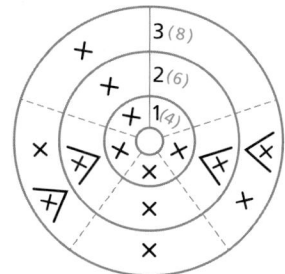

코(살구색)

귀(살구색) 2개

원피스(보라색)

```
● xxxxxxxxxxxxxx  xxxxxxxxxxxxxx  xxxxxxxxxxxxxx  xxxxxxxxxxxxxx  xxxxxxxxxxxxxx  xxxxxxxxxxxxxx 24 (84)
ⱽxxxxxxxxxxxxx  ⱽxxxxxxxxxxxxx  ⱽxxxxxxxxxxxxx  ⱽxxxxxxxxxxxxx  ⱽxxxxxxxxxxxxx  ⱽxxxxxxxxxxxxx 23 (84)
x xxxxxxxxxxxx  x xxxxxxxxxxxx  x xxxxxxxxxxxx  x xxxxxxxxxxxx  x xxxxxxxxxxxx  x xxxxxxxxxxxx 22 (78)
ⱽxxxxxxxxxxxx  ⱽxxxxxxxxxxxx  ⱽxxxxxxxxxxxx  ⱽxxxxxxxxxxxx  ⱽxxxxxxxxxxxx  ⱽxxxxxxxxxxxx 21 (78)
x xxxxxxxxxxx  x xxxxxxxxxxx  x xxxxxxxxxxx  x xxxxxxxxxxx  x xxxxxxxxxxx  x xxxxxxxxxxx 20 (72)
ⱽxxxxxxxxxxx  ⱽxxxxxxxxxxx  ⱽxxxxxxxxxxx  ⱽxxxxxxxxxxx  ⱽxxxxxxxxxxx  ⱽxxxxxxxxxxx 19 (72)
x xxxxxxxxxx  x xxxxxxxxxx  x xxxxxxxxxx  x xxxxxxxxxx  x xxxxxxxxxx  x xxxxxxxxxx 18 (66)
ⱽxxxxxxxxxx  ⱽxxxxxxxxxx  ⱽxxxxxxxxxx  ⱽxxxxxxxxxx  ⱽxxxxxxxxxx  ⱽxxxxxxxxxx 17 (66)
x xxxxxxxxx  x xxxxxxxxx  x xxxxxxxxx  x xxxxxxxxx  x xxxxxxxxx  x xxxxxxxxx 16 (60)
ⱽxxxxxxxxx  ⱽxxxxxxxxx  ⱽxxxxxxxxx  ⱽxxxxxxxxx  ⱽxxxxxxxxx  ⱽxxxxxxxxx 15 (60)
x xxxxxxxx  x xxxxxxxx  x xxxxxxxx  x xxxxxxxx  x xxxxxxxx  x xxxxxxxx 14 (54)
ⱽxxxxxxxx  ⱽxxxxxxxx  ⱽxxxxxxxx  ⱽxxxxxxxx  ⱽxxxxxxxx  ⱽxxxxxxxx 13 (54)
x xxxxxxx  x xxxxxxx  x xxxxxxx  x xxxxxxx  x xxxxxxx  x xxxxxxx 12 (48)
ⱽxxxxxxx  ⱽxxxxxxx  ⱽxxxxxxx  ⱽxxxxxxx  ⱽxxxxxxx  ⱽxxxxxxx 11 (48)
x xxxxxx  x xxxxxx  x xxxxxx  x xxxxxx  x xxxxxx  x xxxxxx 10 (42)
x xxxxxx  x xxxxxx  x xxxxxx  x xxxxxx  x xxxxxx  x xxxxxx 9 (42)
ⱽxxxxx  ⱽxxxxx  ⱽxxxxx  ⱽxxxxx  ⱽxxxxx  ⱽxxxxx 8 (42)
x xxxxx  x xxxxx  x xxxxx  x xxxxx  x xxxxx  x xxxxx 7 (36)
x xxxxx  x xxxxx  x xxxxx  x xxxxx  x xxxxx  x xxxxx 6 (36)
ⱽxxxx  ⱽxxxx  ⱽxxxx  ⱽxxxx  ⱽxxxx  ⱽxxxx 5 (36)
x xxxx  x xxxx  x xxxx  x xxxx  x xxxx  x xxxx 4 (30)
x xxxx  x xxxx  x xxxx  x xxxx  x xxxx  x xxxx 3 (30)
ⱽxxx  ⱽxxx  ⱽxxx  ⱽxxx  ⱽxxx  ⱽxxx 2 (30)
x xxx  x xxx  x xxx  x xxx  x xxx  x xxx 1 (24)
```

몸통의 48단 이랑뜨기에 걸어서 뜬다.

머리&얼굴&몸통 (주황색, 살구색, 흰색)

⋎×××××××	⋎×××××××	⋎×××××××	⋎×××××××	⋎×××××××	⋎×××××××	21 (54)
⋎××××××	⋎××××××	⋎××××××	⋎××××××	⋎××××××	⋎××××××	20 (48)
⋎×××××	⋎×××××	⋎×××××	⋎×××××	⋎×××××	⋎×××××	19 (42)
⋎××××	⋎××××	⋎××××	⋎××××	⋎××××	⋎××××	18 (36)
⋎×××	⋎×××	⋎×××	⋎×××	⋎×××	⋎×××	17 (30)
⋎××	⋎××	⋎××	⋎××	⋎××	⋎××	16 (24)
⋎×	⋎×	⋎×	⋎×	⋎×	⋎×	15 (18)
⋏	⋏	⋏	⋏	⋏	⋏	14 (12)
⩓	×	⩓	×	⩓	×	13 (6)
⩓×	×	⩓×	×	⩓×	×	12 (9)
⩓××	×	⩓××	×	⩓××	×	11 (12)
⩓×××	×	⩓×××	×	⩓×××	×	10 (15)
×××××	×	×××××	×	×××××	×	9 (18)
×××××	×	×××××	×	×××××	×	8 (18)
×××××	×	×××××	×	×××××	×	7 (18)
⋎×××	×	⋎×××	×	⋎×××	×	6 (18)
⋎××	×	⋎××	×	⋎××	×	5 (15)
⋎×	×	⋎×	×	⋎×	×	4 (12)

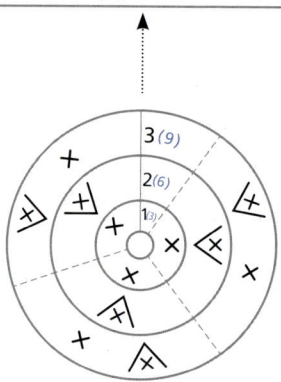

1~26단 주황색

머리&얼굴&몸통(주황색, 살구색, 흰색)

⋀	⋀	⋀	⋀	⋀	⋀	67 (6)
⋀×	⋀×	⋀×	⋀×	⋀×	⋀×	66 (12)
⋀××	⋀××	⋀××	⋀××	⋀××	⋀××	65 (18)
⋀×××	⋀×××	⋀×××	⋀×××	⋀×××	⋀×××	64 (24)
⋀××××	⋀××××	⋀××××	⋀××××	⋀××××	⋀××××	63 (30)
×××××	×××××	×××××	×××××	×××××	×××××	62 (36)
×××××	×××××	×××××	×××××	×××××	×××××	61 (36)
×××××	×××××	×××××	×××××	×××××	×××××	60 (36)
×××××	×××××	×××××	×××××	×××××	×××××	59 (36)
×××××	×××××	×××××	×××××	×××××	×××××	58 (36)
×××××	×××××	×××××	×××××	×××××	×××××	57 (36)
×××××	×××××	×××××	×××××	×××××	×××××	56 (36)
×××××	×××××	×××××	×××××	×××××	×××××	55 (36)
×××××	×××××	×××××	×××××	×××××	×××××	54 (36)
×××××	×××××	×××××	×××××	×××××	×××××	53 (36)
×××××	×××××	×××××	×××××	×××××	×××××	52 (36)
⋎××××	⋎××××	⋎××××	⋎××××	⋎××××	⋎××××	51 (36)
× ××××	× ××××	× ××××	× ××××	× ××××	× ××××	50 (30)
⋎ ×××	⋎ ×××	⋎ ×××	⋎ ×××	⋎ ×××	⋎ ×××	49 (30)
× ×××	× ×××	× ×××	× ×××	× ×××	× ×××	48 (24)
⋎ ××	⋎ ××	⋎ ××	⋎ ××	⋎ ××	⋎ ××	47 (24)
× ××	× ××	× ××	× ××	× ××	× ××	46 (18)
× ××	× ××	× ××	× ××	× ××	× ××	45 (18)
× ××	× ××	× ××	× ××	× ××	× ××	44 (18)
× ××	× ××	× ××	× ××	× ××	× ××	43 (18)
⋀××	⋀××	⋀××	⋀××	⋀××	⋀××	42 (18)
⋀×××	⋀×××	⋀×××	⋀×××	⋀×××	⋀×××	41 (24)
⋀××××	⋀××××	⋀××××	⋀××××	⋀××××	⋀××××	40 (30)
⋀×××××	⋀×××××	⋀×××××	⋀×××××	⋀×××××	⋀×××××	39 (36)
⋀××××××	⋀××××××	⋀××××××	⋀××××××	⋀××××××	⋀××××××	38 (42)
⋀×××××××	⋀×××××××	⋀×××××××	⋀×××××××	⋀×××××××	⋀×××××××	37 (48)
×××××××××	×××××××××	×××××××××	×××××××××	×××××××××	×××××××××	36 (54)
×××××××××	×××××××××	×××××××××	×××××××××	×××××××××	×××××××××	35 (54)
×××××××××	×××××××××	×××××××××	×××××××××	×××××××××	×××××××××	34 (54)
×××××××××	×××××××××	×××××××××	×××××××××	×××××××××	×××××××××	33 (54)
×××××××××	×××××××××	×××××××××	×××××××××	×××××××××	×××××××××	32 (54)
×××××××××	×××××××××	×××××××××	×××××××××	×××××××××	×××××××××	31 (54)
×××××××××	×××××××××	×××××××××	×××××××××	×××××××××	×××××××××	30 (54)
×××××××××	×××××××××	×××××××××	×××××××××	×××××××××	×××××××××	29 (54)
×××××××××	×××××××××	×××××××××	×××××××××	×××××××××	×××××××××	28 (54)
×××××××××	×××××××××	×××××××××	×××××××××	×××××××××	×××××××××	27 (54)
×××××××××	×××××××××	×××××××××	×××××××××	×××××××××	×××××××××	26 (54)
×××××××××	×××××××××	×××××××××	×××××××××	×××××××××	×××××××××	25 (54)
×××××××××	×××××××××	×××××××××	×××××××××	×××××××××	×××××××××	24 (54)
×××××××××	×××××××××	×××××××××	×××××××××	×××××××××	×××××××××	23 (54)
×××××××××	×××××××××	×××××××××	×××××××××	×××××××××	×××××××××	22 (54)

94쪽 머리&얼굴&몸통 도안에 이어서 뜬다.
27~47단 살구색, 48~67단 흰색

팔 (살구색, 흰색) 2개

						단
××	××	××	××	××	××	21 (12)
××	××	××	××	××	××	20 (12)
××	××	××	××	××	××	19 (12)
××	××	××	××	××	××	18 (12)
××	××	××	××	××	××	17 (12)
××	××	××	××	××	××	16 (12)
××	××	××	××	××	××	15 (12)
××	××	××	××	××	××	14 (12)
××	××	××	××	××	××	13 (12)
××	××	××	××	××	××	12 (12)
××	××	××	××	××	××	11 (12)
××	××	××	××	××	××	10 (12)
××	××	××	××	××	××	9 (12)
××	××	××	××	××	××	8 (12)
××	××	××	××	××	××	7 (12)
××	××	××	××	××	××	6 (12)
××	××	××	××	××	××	5 (12)
××	⊕	××	××	××	××	4 (12)

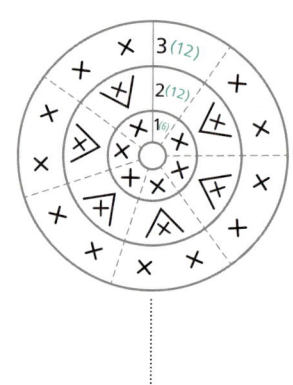

1~6단 살구색, 7~21단 흰색

다리 (검은색, 하늘색) 2개

								단
××	××	××	××	××		×	×	19 (12)
××	××	××	××	××		×	×	18 (12)
××	××	××	××	××		×	×	17 (12)
××	××	××	××	××		×	×	16 (12)
××	××	××	××	××		×	×	15 (12)
××	××	××	××	××		×	×	14 (12)
××	××	××	××	××		×	×	13 (12)
××	××	××	××	××		×	×	12 (12)
××	××	××	××	××		×	×	11 (12)
××	××	××	××	××		×	×	10 (12)
××	××	××	××	××		×	×	9 (12)
××	××	××	××	××		×	×	8 (12)
××	××	××	××	××		×	×	7 (12)
××	××	××	××	××	⋏		⋏	6 (12)
××	××	××	××	××	×× ⋏	⋏	⋏ ⋏	5 (14)
××	××	××	××	××	×× ××	⋏ ⋏	⋏ ××	4 (18)
(××)	××	××	××	(××)	×× ××	×× ××	××	3 (22)
A	B			A				

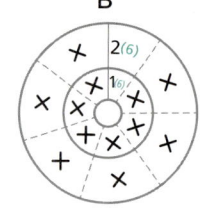

1~9단 검은색, 10~19단 하늘색
A와 B를 도안대로 뜨고 A는 실을 실타래에 연결해 놓고, B는 실을 잘라서 준비한다.
3단은 2단을 뜬 A를 가져와서 짧은뜨기를 14코, 2단을 뜬 B를 가져와서 짧은뜨기 6코, 다시 A와 연결해 짧은뜨기 2코를 뜬다.

꼬리 (흰색)

사슬코 25코를 만든다.
1단은 기둥코 1코를 빼고 24코를 사슬코 산에 걸어서 짧은뜨기 2코 늘려뜨기 뜬다.

			단
∧⁸	×	0	3 (168)
∧⁸	×	1	(48)
∧⁸	×	0	
∧⁸	×	0	
∧⁸	×	0	
∧⁸	×	0	
∧⁸	×	0	
∧⁸	×	0	
∧⁸	×	0	
∧⁸	×	0	
∧⁸	×	0	
∧⁸	×	0	
∧⁸	×	0	
∧⁸	×	0	
∧⁸	×	0	
∧⁸	×	0	
∧⁸	×	0	
∧⁸	×	0	
∧⁸	×	0	
∧⁸	×	0	
∧⁸	×	0	
∧⁸	×	0	
∧⁸	×	0	
∧⁸	0×	0	2 (48)

⤳ 눈 만들기

1. 검은색 펠트지를 반달 모양으로 자른다. 검은색 펠트지보다 조금 작게 흰색 펠트지를 자르고, 글루건으로 두 펠트지를 붙인다. 흰색 펠트지 위 초록색 눈동자는 새틴스티치로 수놓거나 초록색 펠트지로 표현한다. 수놓을 경우에는 흰색 펠트지 위에 먼저 초록색 실로 수를 놓고, 검은색 펠트지 위에 붙인다.

2. 얼굴에 눈을 붙일 공간을 시침핀이나 기화성 펜으로 체크한다. 이후 속눈썹 자리를 기화성 펜으로 미리 그려놓는다. 검은색 실로 속눈썹을 수놓은 후 글루건으로 눈을 붙인다.

SNIFF
스니프

늘 부자를 꿈꾸는 꾀돌이 스니프예요.
무민의 소꿉친구이자 가장 친한 친구입니다.
반짝거리는 것을 좋아해, 희귀하고 예쁜 것들을 잘 찾아내지요.
물론 이 모든 걸 혼자 갖고 싶어 하는 귀여운 욕심쟁이기도 합니다.
부자를 향한 스니프의 꿈은 이뤄질 수 있을까요?

스니프

준비물

실 갈색

바늘 모사용 코바늘 5/0호, 돗바늘

완성 크기 31cm

기타 펠트지(흰색, 검은색), 자수 실
또는 뜨개실(검은색), 공예용 와이어,
솜, 신발용 바닥판

* 눈을 수놓을 경우 검은색 펠트지 대신
DMC 25번사 310을 사용한다.

만드는 순서

①머리&얼굴 ▶ ②몸통 ▶ ③팔 ▶
④다리 ▶ ⑤귀 ▶ ⑥꼬리

만드는 방법

1 원형코 만들기로 3코를 만들어 ①머리&얼굴부터 뜨기 시작한다.

2 머리&얼굴을 다 뜨고 나면 솜을 넣기 어렵기 때문에 27단까지 뜨고 솜을 넣는다. 다 뜬 후 솜을 채우고 돗바늘로 마무리한다(p.23 과정 26-32 참조).

3 ②몸통을 만들고 솜을 넣어서 얼굴 아래쪽에 붙인다. 머리의 원형코 시작점에서 18~27단 사이에 동그랗게 꿰맨다.

4 ③팔을 만들고 솜을 조금 넣어 놓는다. 몸통에 와이어를 꽂고, 엄지손가락을 위로 향하게 하여 돗바늘로 몸통에 꿰매 붙인다. 이때 팔에 솜을 더 넣는다. 몸통 원형코부터 25단 위쪽에서 20단 사이에 사선으로 붙인다.

5 ④다리를 만들고 신발용 바닥판을 모양대로 오려서 넣는다. 신발에 솜을 채우고 몸통에 붙인다. 몸통 원형코부터 1단 위에 동그랗게 꿰매 붙인다. 반대쪽 다리도 대칭이 되도록 붙인다.

6 ⑤귀를 만들고 얼굴 위에 붙인다. 머리의 원형코 시작점으로부터 21단 떨어진 위치에 꿰매 붙인다.

7 ⑥꼬리를 만든다. 몸통에 와이어를 넣고 붙인다. 몸통의 원형코로부터 8단 떨어진 위치에 동그랗게 꿰매 붙인다.

8 얼굴의 1단부터 2단까지 검은색 실로 코를 수놓는다.

9 펠트지를 잘라 눈을 만들고 글루건으로 얼굴에 붙인다. 눈썹과 입은 수놓는다.

귀(갈색) 2개

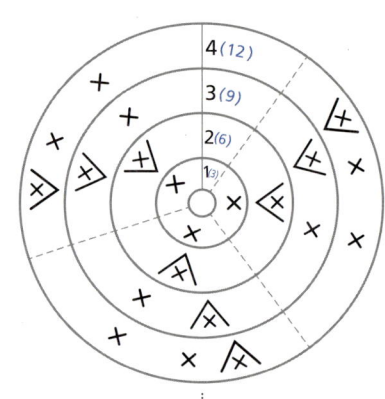

몸통(갈색)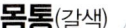

× ×× × ×× × × × × × × × ×× × ×× × ×××××	42 (24)
× ×× × ×× × × × × × × × ×× × ×× × ×××××	41 (24)
× ×× × ×× × × × × × × × ×× × ×× × ×××××	40 (24)
× ×× × ×× × × × × × × × ×× × ×× × ×××××	39 (24)
× ×× × ×× × × × × × × × ×× × ×× × ×××××	38 (24)
× ×× × ×× × × × × × × × ×× × ×× × ×××××	37 (24)
× ×× × ×× × × × × × × × ×× × ×× × ×××××	36 (24)
× ×× × ×× × × × × × × × ×× × ×× × ×××××	35 (24)
× ×× × ×× × × × × × × × ×× × ×× × ×××××	34 (24)
⋀ ×× × ×× ⋀ × × × × ⋀ ×× × ×× ⋀ ×××××	33 (24)
× ×× × ×× × × × × × × × × ×× × ×× × × ×××××	32 (28)
⋀ ××× × ×× × ⋀ × × × × × ⋀ × × ×× × ×× ⋀ × ×××××	31 (28)
× ×××× × ×× × × × × × × × × × ×× × ×× × × × ×××××	30 (32)
× ×××× × ×× × × × × × × × × × ×× × ×× × × × ×××××	29 (32)
⋀ ×××× × ×× ⋀ ×× × × × × ⋀ ×× × ×× × ×× ⋀ × ×××××	28 (32)
× ××××× × ×××× × × ××× × ×× × ××× × × ×××××	27 (36)
× ××××× × ×××× × × ××× × ×× × ××× × × ×××××	26 (36)
× ××××× × ×××× × × ××× × ×× × ××× × × ×××××	25 (36)
⋀ ××××× ⋀ ××××× ⋀ × × × × × ×× × ⋀ ×××× × ⋀ ×××××	24 (36)
×××××× ×××××× × × × ×× × × ×××××× ××××××	23 (42)
×××××× ×××××× ⋀ × × ×× ×× × × ×××××× ××××××	22 (42)
×××××× ×××××× × × × × ×× × ×× × ×××××× ××××××	21 (44)
×××××× ×××××× ⋀ ×× ⋀ × ×× ⋀ ×× ⋀ ×××××× ××××××	20 (44)
××××××× ××××××× ××××××× ××××××× ××××××× ×××××××	19 (48)
××××××× ××××××× ××××××× ××××××× ××××××× ×××××××	18 (48)
××××××× ××××××× ××××××× ××××××× ××××××× ×××××××	17 (48)
××××××× ××××××× ××××××× ××××××× ××××××× ×××××××	16 (48)
××××××× ××××××× ××××××× ××××××× ××××××× ×××××××	15 (48)
××××××× ××××××× ××××××× ××××××× ××××××× ×××××××	14 (48)
××××××× ××××××× ××××××× ××××××× ××××××× ×××××××	13 (48)
××××××× ××××××× ××××××× ××××××× ××××××× ×××××××	12 (48)
××××××× ××××××× ××××××× ××××××× ××××××× ×××××××	11 (48)
××××××× ××××××× ××××××× ××××××× ××××××× ×××××××	10 (48)
××××××× ××××××× ××××××× ××××××× ××××××× ×××××××	9 (48)
⋎ ×××××× ⋎ ×××××× ⋎ ×××××× ⋎ ×××××× ⋎ ×××××× ⋎ ××××××	8 (48)
⋎ ××××× ⋎ ××××× ⋎ ××××× ⋎ ××××× ⋎ ××××× ⋎ ×××××	7 (42)
⋎ ×××× ⋎ ×××× ⋎ ×××× ⋎ ×××× ⋎ ×××× ⋎ ××××	6 (36)
⋎ ××× ⋎ ××× ⋎ ××× ⋎ ××× ⋎ ××× ⋎ ×××	5 (30)

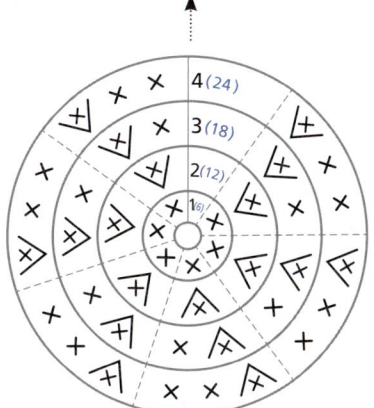

꼬리(갈색)

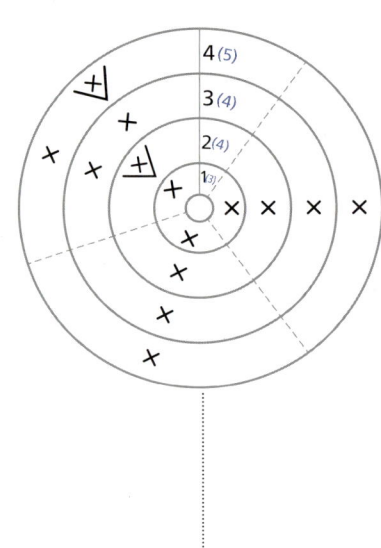

다리(갈색)

A

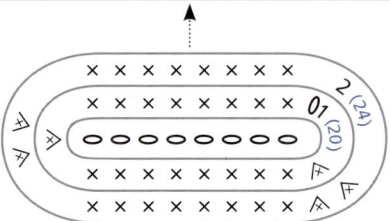

B

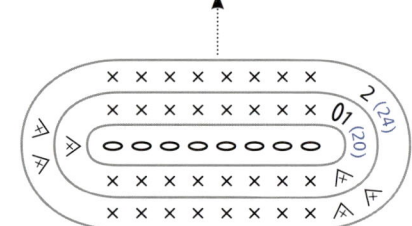

머리&얼굴(갈색)

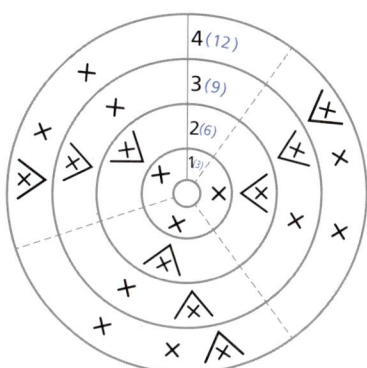

팔(갈색) 2개

TOO-TICKY
투티키

언제나 사려 깊고 활동적인 투티키입니다.
고장 난 것을 금세 뚝딱 고쳐내는 해결사이기도 한 투티키는
무민 가족의 소중한 친구예요.
빨간 스트라이프 스웨터와 방울 달린 모자가
잘 어울리는 금발 소녀랍니다.

투티키

준비물

실 흰색, 살구색, 노란색, 빨간색, 파란색, 검은색
바늘 모사용 코바늘 5/0호, 돗바늘
완성 크기 25.5cm
기타 펠트지(흰색, 파란색), 자수 실 또는 뜨개실(검은색), 공예용 와이어, 솜, 신발용 바닥판

* 눈을 수놓을 경우 검은색 펠트지 대신 DMC 25번사 996을 사용한다

만드는 순서

①얼굴 ▶ ②몸통 ▶ ③바지 ▶ ④팔
▶ ⑤다리 ▶ ⑥머리카락 ▶ ⑦옆머리
▶ ⑧앞머리 ▶ ⑨귀 ▶ ⑩코 ▶ ⑪모자

만드는 방법

1 원형코 만들기로 6코를 만들어 ①얼굴부터 뜨기 시작한다. 다 뜬 후 솜을 넣는다.
2 이어서 실 색을 바꿔서 ②몸통을 도안대로 뜨고, 남은 실을 돗바늘로 정리한 후 솜을 넣는다.
3 원형코 만들기로 8코를 만들어 ③바지를 뜨고 솜을 넣는다. 몸통 40단에서 만든 이랑뜨기에 바지를 돗바늘로 연결한다. 모두 꿰매기 전에 모자란 솜을 채우고 마무리한다.
4 ④팔을 만들고 솜을 조금 넣어 놓는다. 몸통에 와이어를 꽂고, 엄지손가락을 위로 향하게 하여 돗바늘로 몸통에 꿰매 붙인다. 이때 팔에 솜을 더 넣는다. 얼굴과 몸통의 경계선에 일자가 되도록 하여 붙인다.
5 ⑤다리를 만들고 신발용 바닥판을 모양대로 오려서 넣는다. 신발에 솜을 채우고 바지 아래에 붙인다. 바지의 원형코부터 2단 위로 동그랗게 꿰맨다. 반대쪽도 대칭이 되도록 꿰매 붙인다.
6 ⑥머리카락을 만들어 머리에 씌운다. 뒤통수 부분의 머리카락이 옷 부분과 밀착되도록 놓고 꿰맨다.
7 ⑦옆머리를 만들어서 양쪽 머리 옆에 돗바늘로 꿰맨다. 완전히 꿰매기 전에 솜을 먼저 채운다.
8 ⑧앞머리를 만들어서 돗바늘로 꿰매어 붙인다. 얼굴과 옷의 경계선으로부터 13단 위쪽에 앞머리를 놓고 꿰맨다.
   * 스노크메이든의 '앞머리 만들어 연결하기(p.46)'를 참조하여 만든다.
9 ⑨귀를 만들어 머리카락과 얼굴 경계선에 맞춰 붙인다. 옆에서 봤을 때 팔의 중간 지점과 일직선이 되도록 꿰매어 붙인다.
10 ⑩코를 만들어 얼굴 위에 붙이는데, 얼굴과 옷의 경계선으로부터 4단 위쪽에 동그랗게 꿰맨다.
11 펠트지를 잘라 눈을 만들어 글루건으로 붙인다. 눈썹과 입은 수놓는다.
12 ⑪모자를 만들어 윗머리 중앙에 돗바늘로 꿰매 붙인다.

모자(빨간색, 파란색)

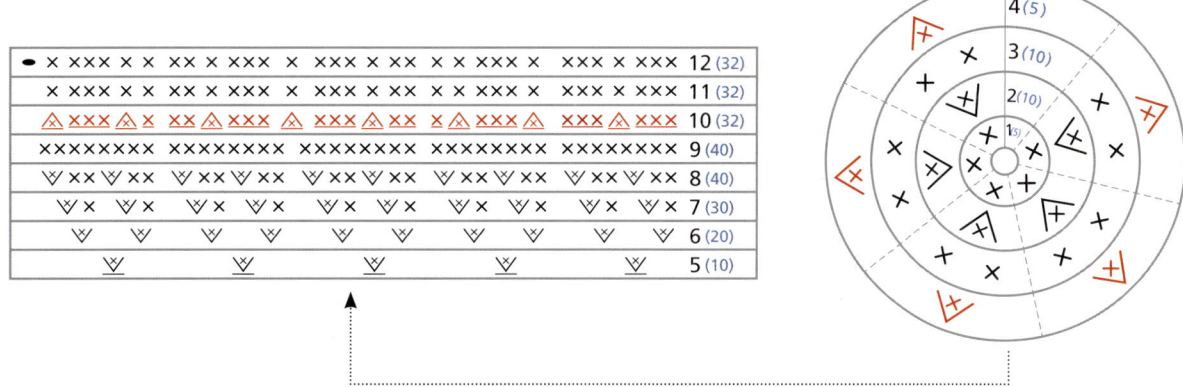

1~4단 빨간색, 5~12단 파란색

바지(파란색)

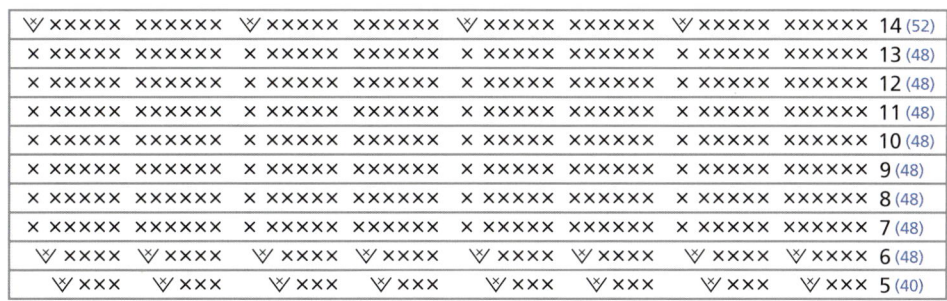

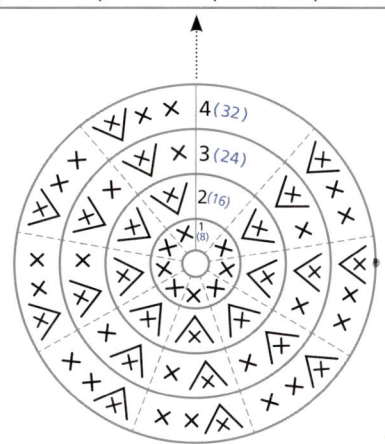

얼굴(살구색)

×××××	×××××	×××××	×××××	×××××	×××××	23 (36)
⋀×××××	⋀×××××	⋀×××××	⋀×××××	⋀×××××	⋀×××××	22 (36)
⋀×××××	⋀×××××	⋀×××××	⋀×××××	⋀×××××	⋀××××××	21 (42)
⋀×××××	⋀××××××	⋀××××××	⋀××××××	⋀××××××	⋀××××××	20 (48)
×××××××××	×××××××××	×××××××××	×××××××××	×××××××××	×××××××××	19 (54)
×××××××××	×××××××××	×××××××××	×××××××××	×××××××××	×××××××××	18 (54)
×××××××××	×××××××××	×××××××××	×××××××××	×××××××××	×××××××××	17 (54)
×××××××××	×××××××××	×××××××××	×××××××××	×××××××××	×××××××××	16 (54)
×××××××××	×××××××××	×××××××××	×××××××××	×××××××××	×××××××××	15 (54)
×××××××××	×××××××××	×××××××××	×××××××××	×××××××××	×××××××××	14 (54)
×××××××××	×××××××××	×××××××××	×××××××××	×××××××××	×××××××××	13 (54)
×××××××××	×××××××××	×××××××××	×××××××××	×××××××××	×××××××××	12 (54)
×××××××××	×××××××××	×××××××××	×××××××××	×××××××××	×××××××××	11 (54)
×××××××××	×××××××××	×××××××××	×××××××××	×××××××××	×××××××××	10 (54)
V××××××	V××××××	V××××××	V××××××	V××××××	V××××××	9 (54)
V×××××	V×××××	V×××××	V×××××	V×××××	V××××××	8 (48)
V×××××	V×××××	V×××××	V×××××	V×××××	V×××××	7 (42)
V××××	V××××	V××××	V××××	V××××	V××××	6 (36)
V×××	V×××	V×××	V×××	V×××	V×××	5 (30)

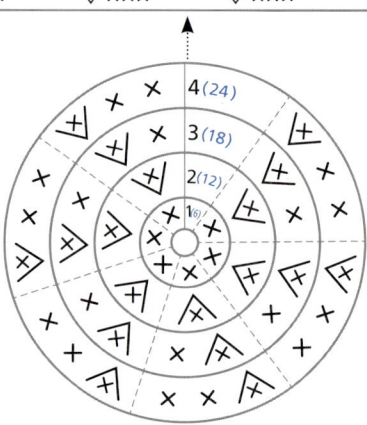

코(살구색)

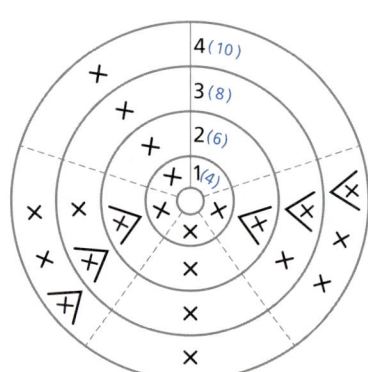

귀(살구색) 2개

몸통 (흰색, 빨간색)

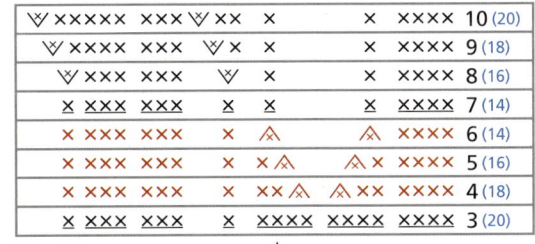

얼굴에 이어서 뜬다.
24~27단 흰색, 28단 빨간색, 29~30단 흰색, 31단 빨간색, 32~33단 흰색, 34단 빨간색,
35~36단 흰색, 37단 빨간색, 38~39단 흰색, 40단 빨간색, 41~42단 흰색

다리 (검은색, 파란색) 2개

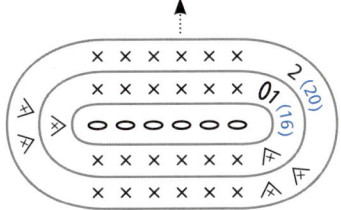

1~6단 검은색, 7~10단 파란색

팔(살구색, 흰색, 빨간색)

A

xxx xx xxx xx xxx xx	24 (15)
xxx xx xxx xx xxx xx	23 (15)
xxx xx xxx xx xxx xx	22 (15)
xxx xx xxx xx xxx xx	21 (15)
xxx xx xxx xx xxx xx	20 (15)
xxx xx xxx xx xxx xx	19 (15)
xxx xx xxx xx xxx xx	18 (15)
xxx xx xxx xx xxx xx	17 (15)
xxx xx xxx xx xxx xx	16 (15)
xxx xx xxx xx xxx xx	15 (15)
xxx xx xxx xx xxx xx	14 (15)
xxx xx xxx xx xxx xx	13 (15)
xxx xx xxx xx xxx xx	12 (15)
xxx xx xxx xx xxx xx	11 (15)
xxx xx xxx xx xxx xx	10 (15)
xxx xx xxx xx xxx xx	9 (15)
Ⅴx xx Ⅴx xx Ⅴx xx	8 (15)
x x xx x x xx x x xx	7 (12)
x xx x xx x xx	6 (12)
x xx x xx x x x⊕	5 (12)

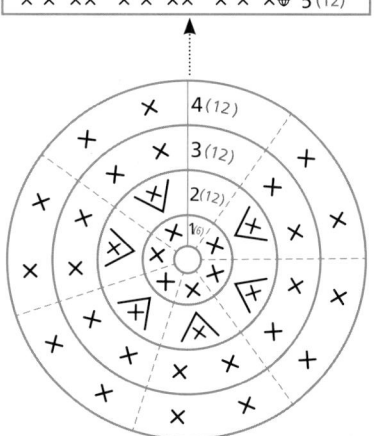

B

xxx xx xxx xx xxx xx	24 (15)
xxx xx xxx xx xxx xx	23 (15)
xxx xx xxx xx xxx xx	22 (15)
xxx xx xxx xx xxx xx	21 (15)
xxx xx xxx xx xxx xx	20 (15)
xxx xx xxx xx xxx xx	19 (15)
xxx xx xxx xx xxx xx	18 (15)
xxx xx xxx xx xxx xx	17 (15)
xxx xx xxx xx xxx xx	16 (15)
xxx xx xxx xx xxx xx	15 (15)
xxx xx xxx xx xxx xx	14 (15)
xxx xx xxx xx xxx xx	13 (15)
xxx xx xxx xx xxx xx	12 (15)
xxx xx xxx xx xxx xx	11 (15)
xxx xx xxx xx xxx xx	10 (15)
xxx xx xxx xx xxx xx	9 (15)
Ⅴx xx Ⅴx xx Ⅴx xx	8 (15)
x x xx x x xx x x xx	7 (12)
x xx x xx x xx	6 (12)
x xx x⊕ xx x x xx	5 (12)

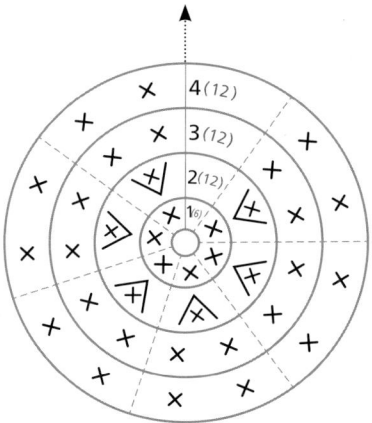

1~6단 살구색, 7~8단 흰색, 9단 빨간색, 10~11단 흰색, 12단 빨간색, 13~14단 흰색,
15단 빨간색, 16~17단 흰색, 18단 빨간색, 19~20단 흰색, 21단 빨간색, 22~24단 흰색

옆머리(노란색) 2개

앞머리(노란색)

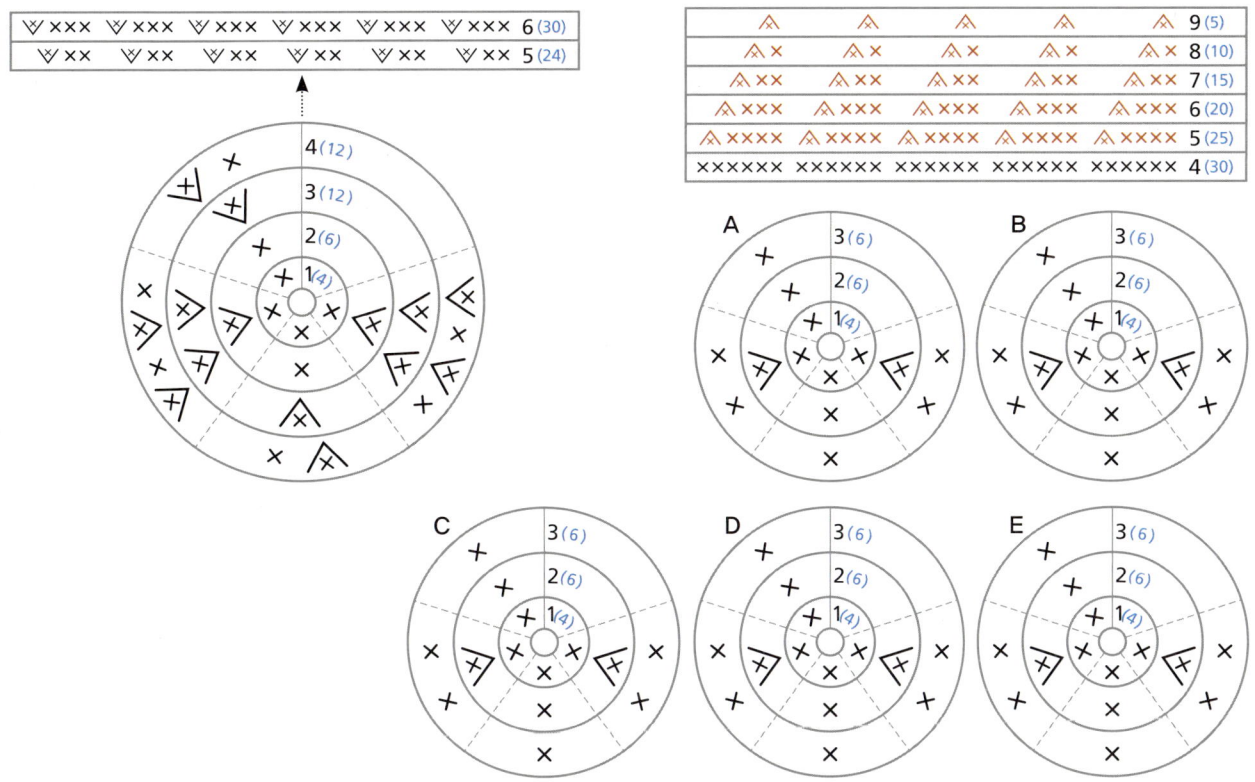

※스노크메이든의 '앞머리 만들어 연결하기(p.46)'를 참조하여 만든다.

머리카락(노란색)

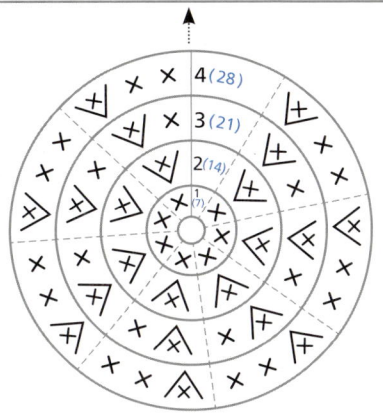

BASIC LESSON
코바늘뜨기 기초

이 책에서 사용하는 코바늘뜨기 기초 기법과
손뜨개 인형을 만들기 위해 필요한
도구와 재료를 소개합니다.

도구와 재료 소개

❶ **뜨개실** 뜨개실의 종류나 두께에 따라 인형의 모양이 많이 달라지는데, 보통 모사, 면사, 아크릴사 등을 사용한다. 이 책에서는 모든 인형들을 아크릴사로 만들었으며 솔잎처럼 털이 길게 달려있는 솔잎사는 스팅키를 뜰 때 사용했다.

❷ **양모** 니들펠트에 쓰이는 양모로, 무민 가족의 꼬리에 화이트 색상의 양모를 사용했다. 인터넷에서 양모 또는 양모펠트를 검색하면 여러 쇼핑몰을 찾을 수 있다.

❸ **코바늘** 코바늘은 모사용, 레이스용으로 나뉘는데 인형을 뜰 때는 모사나 면사 등의 두께가 있는 실을 사용하기 때문에 모사용 코바늘이 필요하다. 이 책에서는 3, 5호 바늘을 사용했다.

❹ **자수 실** 눈을 수놓을 경우 DMC 25번사를 사용한다. 사용한 실의 번호는 각 인형의 준비물에 표기해 놓았다. 인터넷에서 자수 실이나 DMC 25번사로 검색하면 여러 쇼핑몰을 찾을 수 있다.

❺ **글루건** 뜨개실 위에 펠트지나 장식 등을 붙일 때 사용한다. 굳으면 수정이 어려우니 붙일 곳을 확인한 후 한번에 붙이는 것이 좋다.

❻ **솜** 인형을 채울 때 사용한다. 솜은 방울솜과 구름솜으로 나뉘는데 방울솜은 코 사이로 빠져나오기 쉽기 때문에 구름솜을 사용하는 것이 더 좋다.

❼ **돗바늘** 머리, 몸통 등의 부분들을 서로 연결할 때 쓰는 뜨개실용 바늘로 일반 바늘에 비해 바늘 끝이 둥글고 바늘귀가 크다.

❽ **펠트지** 펠트지를 오려서 눈, 코, 입 등을 만든다. 펠트지를 뜨개실 위에 붙일 때는 글루건을 사용한다.

❾ **신발용 바닥판** 발바닥을 평편하게 만들어 잘 설 수 있게 한다. 흰색, 검은색이 있으며 사용한 뜨개실 색에 따라 다르게 사용하면 좋다. 가방바닥이 좋고, 하드보드지나 쓰지 않는 책받침 등을 사용해도 된다.
인터넷에서 가방바닥 또는 가방바닥판으로 검색하면 여러 쇼핑몰을 찾을 수 있다.

❿ **공예용 와이어** 공예용 와이어는 손으로도 잘 구부러져서 모양을 만들기 쉽다. 뜨개실 사이로 빠져나오지 않도록 끝을 동그랗게 구부려서 넣는다. 인형의 팔에 와이어를 넣으면 완성 후에 자유로운 포즈를 취할 수 있어서 좋다.

⓫ **가위** 뜨개실이나 펠트지를 자를 때 사용한다.

⓬ **펜치** 공예용 와이어를 자를 때 사용한다.

코바늘뜨기 기초

1 뜨개도안 보는 법

원형뜨기

중심에서 고리를 만들고 1단씩 원을 그리듯이 뜬다.
기본적으로 뜨개바탕의 앞면을 보고 시계 반대 방향으로 뜬다.

왕복뜨기

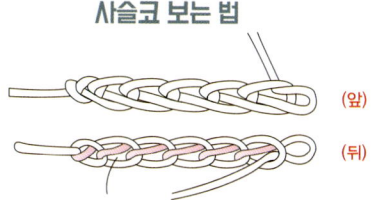

좌우에 기둥코가 오는 것이 특징이다. 오른쪽에 기둥코가 있을 때는 뜨개바탕 앞면을
보고 뜨개도안의 오른쪽에서 왼쪽으로 따라가며 뜨고, 왼쪽에 기둥코가 있을
때는 반대 방향으로 따라가며 뜬다.

사슬코 보는 법

사슬코에는 앞과 뒤가 있다. 뒤쪽 가운데에 1줄이 나와 있는 부분을
'사슬코 산'이라고 한다. 이 책에서는 사슬코 산에 연결해서 뜬다.

이 책의 도안 보는 법

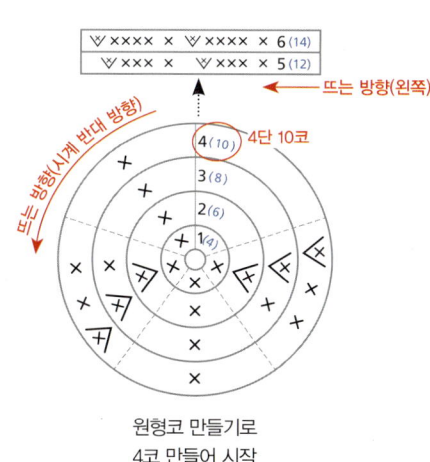

원형코 만들기로
4코 만들어 시작

사슬코 7코 만들어 시작
(기둥코 1코는 콧수로 세지 않는다.)

※ 박스 안의 도안은 원형뜨기를 평면으로 펼쳐놓은 도안이다.
※ 모든 도안은 단이 끝날 때마다 빼뜨기 없이 뜬다.

115

2 실과 바늘 잡는 법

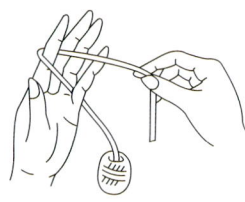
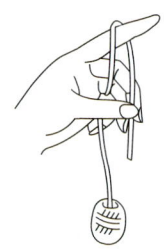
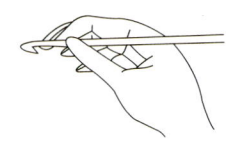

❶ 왼손 새끼손가락과 넷째손가락 사이에서 실을 앞으로 빼서 집게손가락에 걸고 실 끝을 뒤쪽으로 나오게 한다.

❷ 엄지손가락과 가운뎃손가락으로 실 끝을 잡고, 집게손가락을 세워서 실이 팽팽해지도록 한다.

❸ 바늘은 엄지손가락과 집게손가락으로 잡고, 바늘에 가운뎃손가락을 살짝 갖다 댄다.

3 첫코 만드는 법

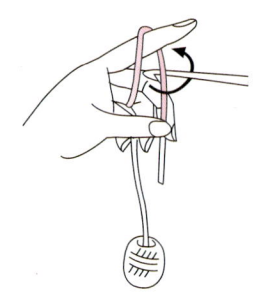
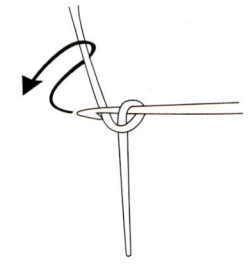
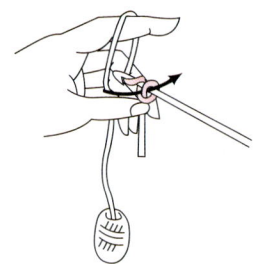
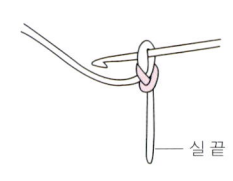

실 끝

❶ 바늘을 실 뒤쪽에 두고 화살표처럼 바늘 끝을 돌린다.

❷ 바늘에 실을 건다.

❸ 실을 고리 안으로 지나게 하여 앞으로 끌어낸다.

❹ 실 끝을 당겨서 조이면 첫코가 완성된다(이 코는 1코로 세지 않는다).

4 기초코

원형코 만들기

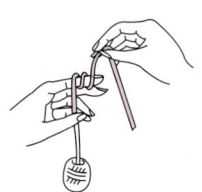
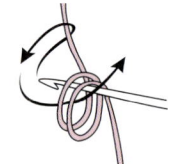
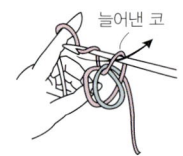
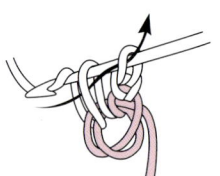

늘어낸 코

❶ 왼손 집게손가락에 실을 2번 감아서 고리를 만든다.

❷ 고리를 벗겨서 손에 들고, 고리 가운데로 바늘을 넣고 실을 걸어서 앞으로 끌어낸다.

❸ 다시 바늘에 실을 걸고 끌어내어 기둥코가 될 사슬 1코를 뜬다.

❹ 첫째 단은 고리 안으로 바늘을 넣어서, 필요한 콧수만큼 짧은뜨기를 한다.

❺ 일단 바늘을 빼고, 처음에 만든 고리의 실과 실 끝 쪽을 잡아당겨 고리를 조인다.

왕복뜨기를 할 때

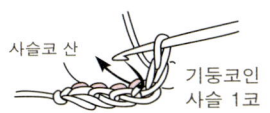
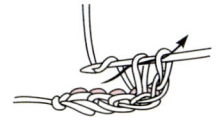
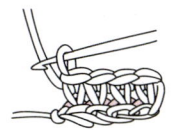

❶ 필요한 콧수의 사슬코와 기둥코가 될 사슬코를 뜨고, 끝에서 두 번째 사슬코 산에 바늘을 넣고 실을 걸어 빼낸다.

❷ 바늘에 실을 걸고 화살표처럼 실을 빼낸다.

❸ 첫째 단을 뜬 모습(기둥코인 사슬 1코는 1코로 세지 않는다).

5 뜨개코 기호

1. 사슬뜨기

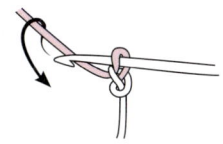
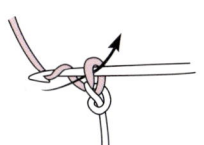
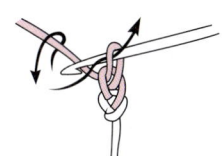
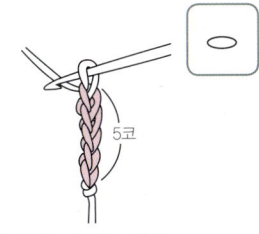

❶ 첫코를 만들고 바늘에 실을 건다.

❷ 바늘에 걸린 실을 끌어내어 사슬코 완성.

❸ 같은 방법으로 1, 2를 되풀이하여 뜬다.

❹ 사슬뜨기 5코 완성.

2. 빼뜨기

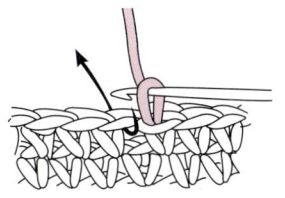

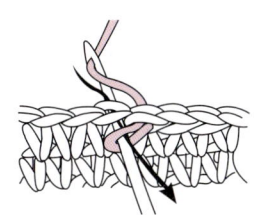
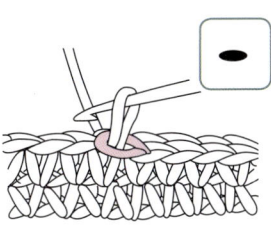

❶ 앞단 코에 바늘을 넣는다.

❷ 바늘에 실을 건다.

❸ 실을 한번에 빼낸다.

❹ 빼뜨기 1코 완성.

3. 짧은뜨기

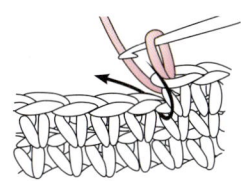
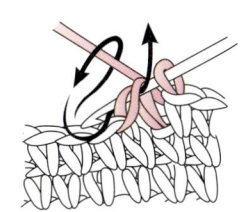
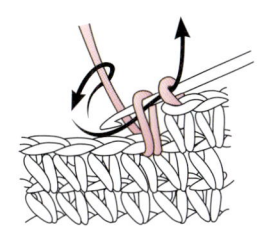
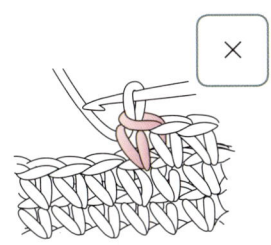

❶ 앞단 코에 바늘을 넣는다.

❷ 바늘에 실을 걸어서 고리 앞으로 끌어낸다.

❸ 바늘에 실을 걸고 고리 2개 안으로 한번에 빼낸다.

❹ 짧은뜨기 1코 완성.

4. 긴뜨기

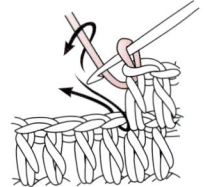 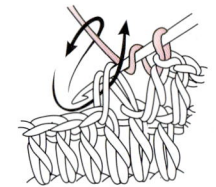 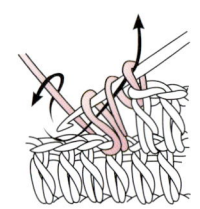 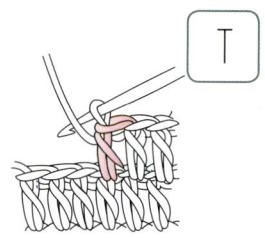

❶ 바늘에 실을 건 다음에 앞단 코에 바늘을 넣는다.

❷ 다시 바늘에 실을 걸어서 앞으로 끌어낸다(끌어낸 이 상태를 미완성 긴뜨기라고 한다).

❸ 바늘에 실을 걸고 고리 3개 안으로 한번에 빼낸다.

❹ 긴뜨기 1코 완성.

5. 한길긴뜨기

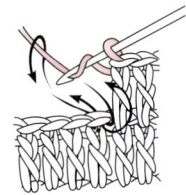 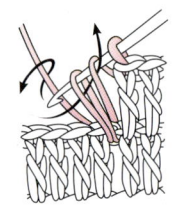 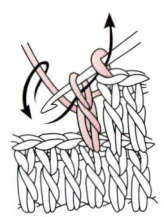 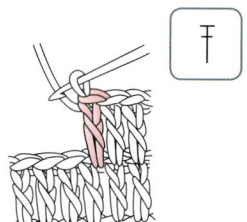

❶ 바늘에 실을 건 다음에 앞단 코에 바늘을 넣고, 다시 실을 걸어서 고리를 앞으로 끌어낸다.

❷ 화살표처럼 바늘에 실을 걸고 고리 2개 안으로 빼낸다(빼낸 이 상태를 미완성 한길긴뜨기라고 한다).

❸ 한 번 더 바늘에 실을 건 다음에 남은 고리 2개 안으로 화살표처럼 빼낸다.

❹ 한길긴뜨기 1코 완성.

6. 짧은뜨기 2코 모아뜨기

 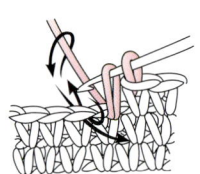 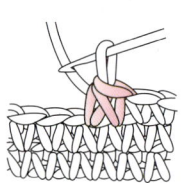 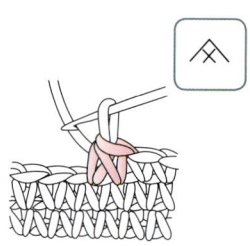

❶ 앞단 코에 화살표처럼 바늘을 넣어서 고리를 끌어낸다.

❷ 다음 코에서도 같은 방법으로 고리를 끌어낸다.

❸ 바늘에 실을 걸고 고리 3개 안으로 한번에 빼낸다.

❹ 짧은뜨기 2코 모아뜨기 완성. 앞단보다 1코 줄어든 상태.

7. 짧은뜨기 2코 늘려뜨기

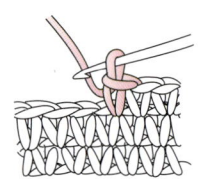  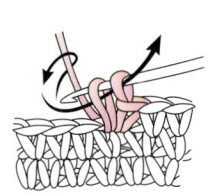 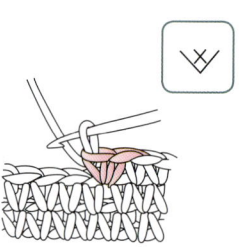

❶ 짧은뜨기를 1코 뜬다.

❷ 같은 코에 한 번 더 바늘을 넣어서 고리를 앞으로 끌어낸다.

❸ 바늘에 실을 걸고 고리 2개 안으로 한번에 빼낸다.

❹ 앞단의 1코에 짧은뜨기를 2코 한 모습. 앞단보다 1코 늘어난 상태.

8. 긴뜨기 2코 늘려뜨기

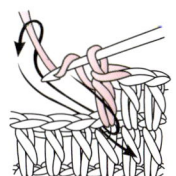 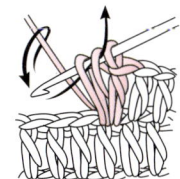 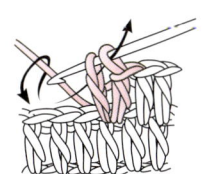 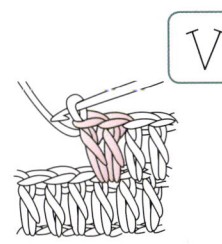

❶ 긴뜨기를 1코 뜨고, 바늘에 실을 걸고 같은 코에 화살표처럼 바늘을 넣어서 끌어낸다.

❷ 바늘에 실을 걸고 고리 2개 안으로 빼낸다.

❸ 한 번 더 바늘에 실을 건 다음 남은 고리 2개 안으로 빼낸다.

❹ 1코에 긴뜨기를 2코 뜬 모습(앞단보다 1코 늘어난 상태).

9. 한길긴뜨기 4코 구슬뜨기

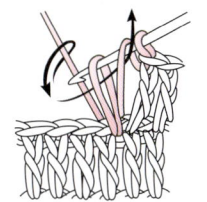 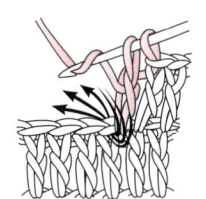 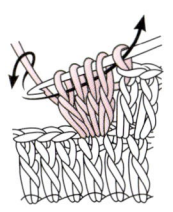 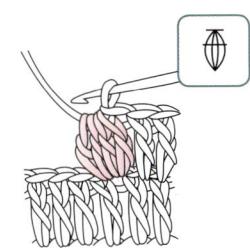

❶ 앞단 코에 미완성 한길긴뜨기를 1코 뜬다.

❷ 같은 코에 바늘을 넣어서 미완성 한길긴뜨기를 계속해서 3코 뜬다.

❸ 바늘에 실을 걸고 바늘에 걸려 있는 고리 5개 안으로 한번에 빼낸다.

❹ 한길긴뜨기 4코 구슬뜨기 완성.

10. 짧은뜨기 이랑뜨기

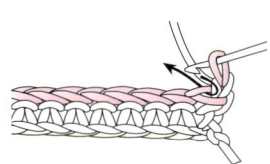 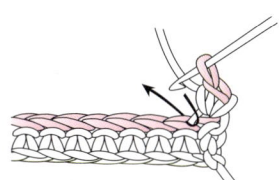 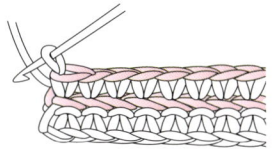

❶ 앞단 코의 뒤쪽 반 코에 화살표처럼 바늘을 넣는다.

❷ 짧은뜨기를 하고, 다음 코도 마찬가지로 뒤쪽 반 코에 바늘을 넣는다.

❸ 끝까지 뜬 모습.

* '짧은뜨기 2코 모아뜨기 이랑뜨기'도 같은 요령으로 뜬다.
* '짧은뜨기 2코 늘려뜨기 이랑뜨기'도 같은 요령으로 뜬다.
* '긴뜨기 이랑뜨기'도 같은 요령으로 뜬다.

11. 짧은뜨기 이랑뜨기

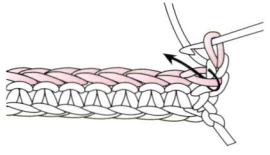

❶ 앞단 코의 앞쪽 반 코에 화살표처럼 바늘을 넣어 뜬다.

* '짧은뜨기 2코 늘려뜨기 이랑뜨기'도 같은 요령으로 뜬다.